雅各

我所拣选的，
我朋友亚伯拉罕的后裔

雅各

我所拣选的，
我朋友亚伯拉罕的后裔

李载禄牧师圣经人物系列二

雅各我所拣选的,
我朋友亚伯拉罕的后裔,

你是我从地极所领（原文作"抓"）来的,
从地角所召来的,
且对你说："你是我的仆人,我拣选你,并不弃绝你。
你不要害怕,因为我与你同在;
不要惊惶,因为我是你的神。
我必坚固你,我必帮助你,
我必用我公义的右手扶持你。"

以赛亚书41章8-10节

自序

雅各我所拣选的，
我朋友亚伯拉罕的后裔

"雅各啊，创造你的耶和华；以色列啊，造成你的那位，现在如此说：'你不要害怕！因为我救赎了你。我曾提你的名召你，你是属我的。'"（以赛亚书43章1节）

这是神向由雅各和其子孙所形成的以色列民族所赐的约言，包含着神对自己选民深切的爱怜。神照祂自己的旨意，要立雅各为以色列人的先祖，便使雅各经历长久的熬炼。

雅各生性机诈，心计多端，凡事靠自己的聪明和计谋而行，但他又有忠实勤勉，矢志不渝，坚强不屈的性格优点。因此，雅各需要经受熬炼，彻底倒空"自我"，直至变成"虫一样的雅各"（以赛亚书41章14节）。

雅各趁势用计骗取哥哥以扫的长子名分，而后躲避哥哥的怨怒和杀意，离开家乡投靠吝啬又狡诈的母舅拉班，并服侍他二十年。二十年后在返乡的途中，面临进退两难的危机，这才完全放下自己。

在雅博渡口，雅各通宵向神祈求仰赖，彻底破除老我，由此获赐新名"以色列"。后来由雅各的十二个儿子形成以色列十二支派。

本书内容涵盖从雅各手抓住以扫的脚跟出生，到领受长子的福分，并继承亚伯拉罕正统世系的第四子犹大生法勒斯等跌宕起伏的生命历程。哥哥以扫为何失去长子的地位、雅各第四子犹大因何得享长子的福分、约瑟何由被卖到埃及为奴等，神在各人生命中的深邃而奇妙的旨意囊括其中。

藉着雅各的十二个儿子所形成的以色列十二支派，预表耶稣的十二门徒。本书还揭晓以色列十二支派的名字所蕴含的属灵意义且与信心大小的联系，以及耶稣的十二门徒和主复活后的十二使徒的差异。

以雅各的十二个儿子为起头的以色列人是神的选民，作为神对人类之耕作的典型。而他们屡屡辜负神的厚爱，存心悖逆神的旨意，于是福音转而传与外邦人。这是神爱的体现：使救恩不仅临到选民以色列，也要临到地上的万族。

罗马书11章17节说"若有几根枝子被折下来，你这野橄榄得接在其中，一同得着橄榄根的肥汁"，这里"橄榄"是指选民以色列，"野橄榄"则指外邦人。

就是说以色列人不认救主耶稣并钉祂十字架，外邦人便取代以色列人，凡归信耶稣基督者，都能因信得救。以色列十二支派中但支派被剪除，玛拿西支派取而代之；耶稣的门徒中加略人犹大被剪除，摇签摇出马提亚补充同列，均已显明此理。新约是本体，旧约是影儿，形为影本，新旧通连，诠释完整的精意。

神的爱不止于此。主降临空中后，神从以色列十二支派中拣选十四万四千个传道人（启示录7章4节），施行"捡穗式拯救"，再次给予得救的机会。体现了天父"愿万人得救，不愿一人沉沦"的丰富慈爱。

启示录21章记载：至美的圣城新耶路撒冷十二珍珠门上，写着十二支派的名字，城墙的十二根基上，有十二使徒的名字。这表示因信得救的神的儿女中，凡专心顺从神的道，自洁成圣，尽忠使命的都可以得进荣耀的圣城新耶路撒冷。

望各位读者通过本书领悟从旧约时代到将来主再临那日，三位一体的神对人类所施行的大爱，努力做好成圣的工夫，得称名副其实的亚伯拉罕的子孙，得进至美至荣的圣城新耶路撒冷。

将一切感谢与荣耀归于在天的父神，因祂从始至终对文字圣工给予细致周全的引导。同时向为本书的出版付出辛劳的编辑局长宾锦善以及乌陵出版社诸位同工深表感谢。

2016年4月，于客西马尼祷告处

李载禄 牧师

亚伯拉罕的正统世系和雅各的十二个儿子

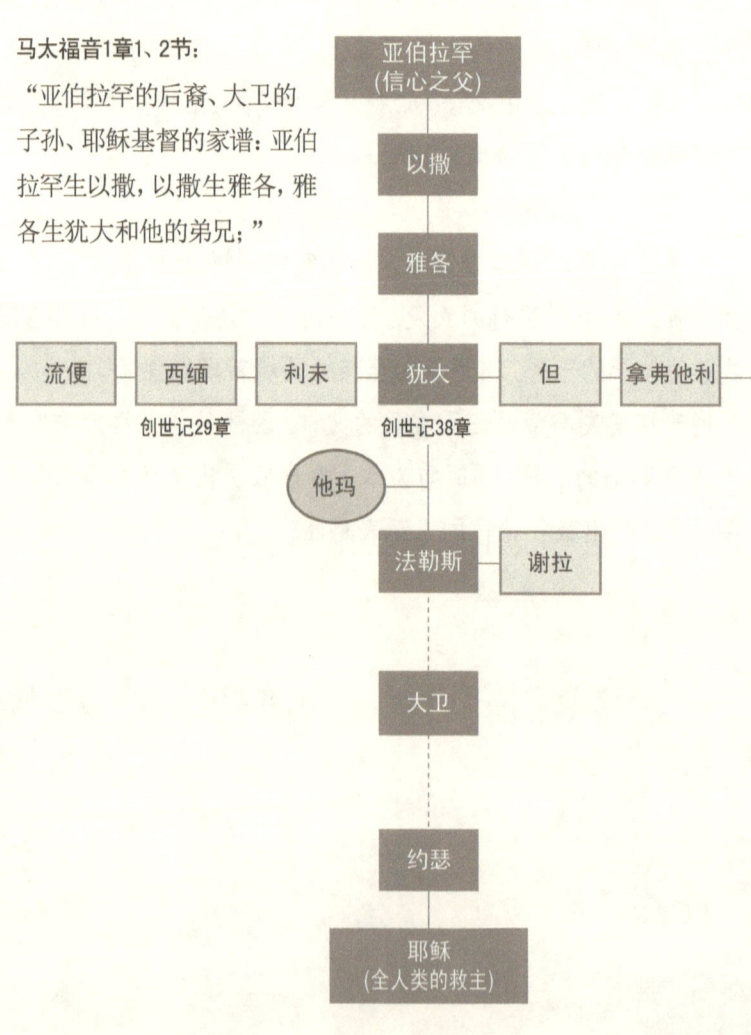

马太福音1章1、2节:
"亚伯拉罕的后裔、大卫的子孙、耶稣基督的家谱:亚伯拉罕生以撒,以撒生雅各,雅各生犹大和他的弟兄;"

x

雅各我所拣选的,我朋友亚伯拉罕的后裔

索引一

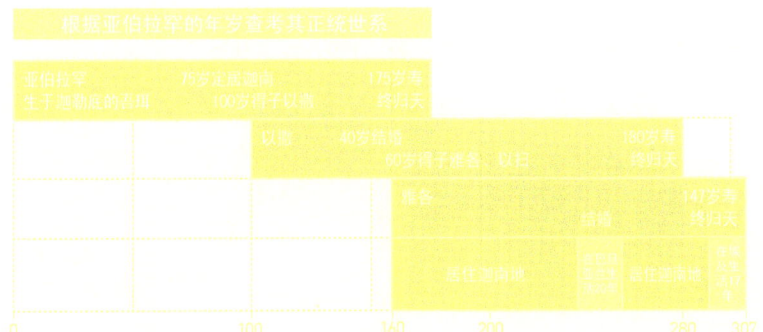

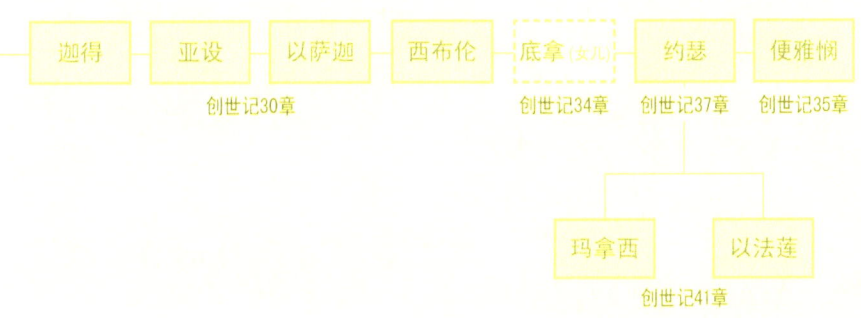

马太福音1章17、18节:"这样,从亚伯拉罕到大卫共有十四代,从大卫到迁至巴比伦的时候也有十四代,从迁至巴比伦的时候到基督又有十四代。耶稣基督降生的事记在下面:他母亲马利亚已经许配了约瑟,还没有迎娶,马利亚就从圣灵怀了孕。"

旧约是影儿，新约是本体

1. 雅各的十二个儿子和以色列人的十二支派的区别

雅各的十二个儿子（创世记29章32节-30章24节、35章18节）

| ❶ 流便 | ❷ 西缅 | ❸ 利未 | ❹ 犹大 | ❺ 但 | ❻ 拿弗他利 | ❼ 迦得 | ❽ 亚设 | ❾ 以萨迦 | ❿ 西布伦 | ⓫ 约瑟 | ⓬ 便雅悯 |

以色列人的十二支派（启示录7章4-8节）

| ❹ 犹大 | ❶ 流便 | ❼ 迦得 | ❽ 亚设 | ❻ 拿弗他利 | ❷ 西缅 | ❸ 利未 | ❾ 以萨迦 | ❿ 西布伦 | ⓫ 约瑟 | ⓬ 便雅悯 |

玛拿西支派取代背离神的但支派

2. 耶稣的十二门徒和羔羊的十二使徒的区别

耶稣的十二门徒（马太福音10章1-4节）

| ❶ 彼得 | ❷ 安得烈 | ❸ 雅各 | ❹ 约翰 | ❺ 腓力 | ❻ 巴多罗买 | ❼ 多马 | ❽ 马太 | ❾ 雅各 | ❿ 达太 | ⓫ 西门 | ⓬ 加略人犹大 |

羔羊的十二使徒（使徒行传1章15-26节）

| ❶ 彼得 | ❷ 安得烈 | ❸ 雅各 | ❹ 约翰 | ❺ 腓力 | ❻ 巴多罗买 | ❼ 多马 | ❽ 马太 | ❾ 雅各 | ❿ 达太 | ⓫ 西门 | ⓬ 马提亚 |

马提亚取代卖主的加略人犹大

雅各我所拣选的，我朋友亚伯拉罕的后裔

3. 写在新耶路撒冷城十二珍珠门上的名字

"城中有神的荣耀。
城的光辉如同极贵的宝石,好像碧玉,明如水晶。
有高大的墙,有十二个门,门上有十二位天使,
门上又写着以色列十二个支派的名字。"
(启示录21章11、12节)

"十二个门是十二颗珍珠,
每门是一颗珍珠。
城内的街道是精金,好像明透的玻璃。"
(启示录21章21节)

"东边有三门,北边有三门,南边有三门,西边有三门。
城墙有十二根基,
根基上有羔羊十二使徒的名字。"
(启示录21章13、14节)

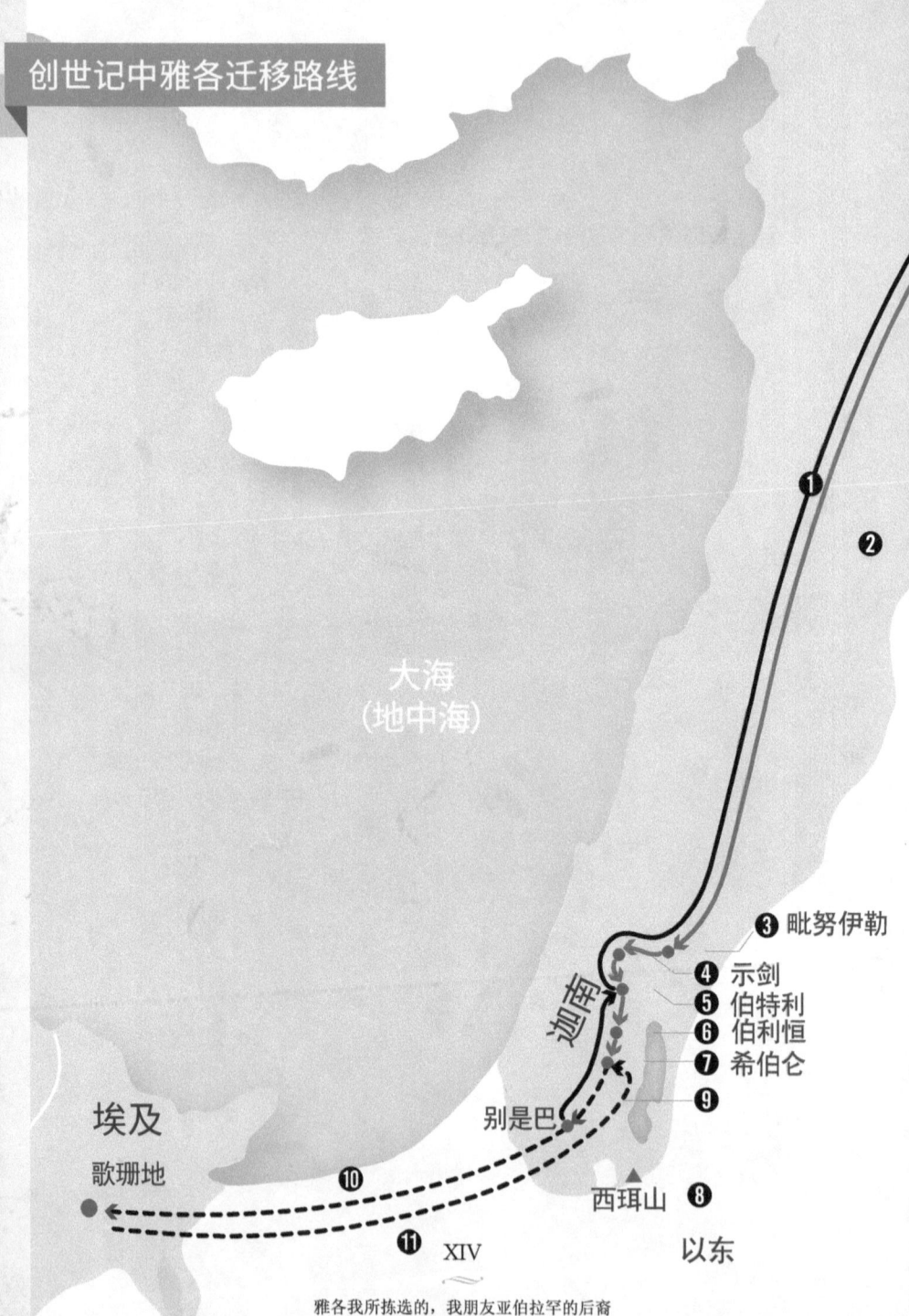

哈兰
巴旦亚兰

欧洲　　　　　亚细亚

非洲

幼发拉底河

雅各躲避哥哥以扫到哈兰（创世记28、29章）
经过二十年熬炼成为大富户后离开母舅拉班（创世记31章）
在雅博渡口与天使摔跤，得赐新名以色列（创世记32章）
与以扫和好，定居迦南地的示剑（创世记33章）
照神的指示到伯特利领受祝福的约言（创世记35章1-15节）
雅各的妻子拉结葬于伯利恒（创世记35章16-20节）
到希伯伦见父以撒（创世记35章27节）
以扫离开雅各住在西珥山（创世记36章）
迁往埃及前离开希伯伦到别是巴筑坛献祭（创世记46章1-4节）
130岁时来到约瑟作宰相的埃及歌珊地（创世记46章28节）
147岁命终埃及，葬于迦南地希伯伦的麦比拉洞（创世记50章）

目录

自序 · VII

导引　1. 亚伯拉罕的正统世系和雅各的十二个儿子 · X

　　　2. 旧约是影儿，新约是本体 · XII

　　　3. 创世记中雅各的迁移路线 · XIV

第一部
雅各我所拣选的，
我必与你同在!

第一章　以撒的后嗣双生子 · 3

1. 将来大的要服侍小的（25章19-26节）
2. 以扫向雅各起誓，卖长子的名分与雅各（25章27-34节）
3. 以撒在基拉耳领受祝福约言（26章1-11节）
4. 以撒蒙神赐福获百倍收成后经历三次试炼（26章12-22节）
5. 在别是巴与亚比米勒立下和约（26章23-33节）
6. 大儿子以扫娶外邦女子为妻（26章34-35节）

第二章　以撒祝福雅各 · 19

1. 以撒欲祝福以扫得长子的福分（27章1-4节）
2. 利百加和雅各合计欺骗以撒（27章5-14节）
3. 雅各骗取长子的祝福（27章15-29节）
4. 以扫的怨怒和以撒的祈祷（27章30-40节）
5. 以扫怨恨雅各心怀杀念（27章41-46节）

第三章 雅各的二十年熬炼开始 · 37

1. 在你母舅拉班的女儿中娶一女为妻（14章1-12节）
2. 以扫试图挽回长子名分（28章6-9节）
3. 雅各在伯特利领受神的约言（28章10-19节）
4. 在伯特利向神许愿并立定心志（28章20-22节）

第四章 雅各对拉结矢志不渝 · 49

1. 哈兰附近遇见拉结（29章1-9节）
2. 为娶拉结服待拉班七年（29章10-20节）
3. 拉班的骗局与雅各的两个妻子（29章21-30节）
4. 利亚生子流便、西缅、利未和犹大（29章31-35节）

第五章 熬炼是蒙福的捷径，雅各成为大富户 · 61

1. 因拉结的嫉妒雅各所受的熬炼（30章1、2节）
2. 拉结的使女辟拉生但和拿弗他利（30章3-8节）
3. 利亚的使女悉帕生迦得和亚设（30章9-13节）
4. 利亚生儿子以萨迦、西布伦及女儿底拿（30章14-21节）
5. 从钟爱的拉结得子约瑟（30章22-24节）
6. 雅各与母舅拉班商定工价（30章25-36节）
7. 雅各的精明与"期望定律"（30章37-43节）

雅各我所拣选的，我朋友亚伯拉罕的后裔

第六章 作回乡的准备 · 79

1. 你要回你祖你父之地,到你亲族那里去(31章1-3节)
2. 雅各陈明自己要离开拉班家的理由(31章4-13节)
3. 拉结和利亚非善的回答(31章14-16节)
4. 雅各携家眷偷着离开拉班(31章17-22节)
5. 拉班的追赶和保守雅各的神(31章23-32节)
6. 拉班搜寻神像未果,雅各怒责拉班(31章33-42节)
7. 拉班和雅各立约,保证以后互不侵犯(31章43-55节)

第七章 激烈的灵战,雅各的胜利 · 97

1. 灵眼开启得见神的使者(32章1、2节)
2. 雅各向以扫求和(32章3-6节)
3. 进退两难之际向神恳求(32章7-12节)
4. 依旧照己方式行事(32章13-20节)
5. 在雅博渡口大腿窝被扭(32章21-27节)
6. 你的名不要再叫雅各,要叫以色列(32章28-32节)

第二部
我朋友亚伯拉罕的后裔
我必帮助你!

第八章 经历二十年熬炼后迁至迦南地 · 117
1. 以坦然与谦卑之心见以扫（33章1-4节）
2. 神使雅各与以扫彼此和好（33章5-11节）
3. 婉拒以扫的好意往疏割去（33章12-17节）
4. 定居应许之地迦南（33章18-20节）

第九章 西缅与利未在示剑城犯下的罪行 · 131
1. 雅各的女儿底拿被示剑玷辱（34章1-7节）
2. 哈抹和示剑为娶底拿向雅各提亲（34章8-12节）
3. 雅各的儿子们提出行割礼的条件（34章13-23节）
4. 雅各的众子以恶报恶（34章24-31节）

第十章 预备蒙神赐福的器皿 · 143
1. 上伯特利去筑一座坛给神（35章1节）
2. 雅各家信仰革弊（35章2-5节）
3. 全家到伯特利筑坛献祭（35章6-8节）
4. 将来有一族和多国的民从你而生，又有君王从你而出（35章9-13节）
5. 在伯特利立石柱作与神立约的证据（35章14、15节）
6. 儿子便雅悯的出生与拉结的死（35章16-20节）
7. 利亚的长子流便与他父亲的妾辟拉（35章21-26节）
8. 雅各与以撒的重逢（35章27-29节）

XX

第十一章 **迁离迦南地的以扫家族** · 159

  1. 以扫家族住在西珥山（36章1-8节）
  2. 以东的后代和族长谱系（36章9-19节）
  3. 以东历代诸王和以扫所出的族长谱系（36章20-43节）

第十二章 **使约瑟被卖至埃及为奴的旨意** · 169

  1. 约瑟惹起哥哥们的嫉恨（37章1-4节）
  2. 雅各把约瑟的异梦存在心里（37章5-11节）
  3. 约瑟寻找放羊的哥哥们（37章12-17节）
  4. 哥哥们同谋要害死约瑟，流便劝阻（37章18-24节）
  5. 因着犹大的建议，约瑟被卖到埃及（37章25-28节）
  6. 众子谎报约瑟凶信与雅各（37章29-36节）

第十三章 **亚伯拉罕的正统世系中的犹大和法勒斯** · 187

  1. 雅各第四子犹大的信仰（38章1-5节）
  2. 临到犹大后代的咒诅（38章6-11节）
  3. 犹大和儿妇他玛（38章12-19节）
  4. 犹大的儿子法勒斯和谢拉（38章20-30节）

结语 ·
  1. 雅各追忆往事所作的表白 · 202
  2. 启示录所记载的以色列十二个支派 · 204
  3. 新耶路撒冷十二城门上写的十二个支派的名字 · 210
  4. 新耶路撒冷城墙十二根基上十二使徒的名字 · 216

"我的神啊,

我这一生,此刻回顾,

所谋无不随我所愿,

所求无不依我所意,

所思所得无不照我所欲。

但我终得醒悟,我思我想、我欲我念,竟是如此自私、贪婪。

在神面前尽显无遗,使我得以洁净自己,

梳理心绪,悟出神的旨意,得知真道奥秘。"

第一部

雅各我所拣选的，

我必与你同在！

/ 第一部 /

雅各依靠自己的头脑和计谋时，
处处碰壁，事事不顺。
雅各的品性有坚韧的一面，
也有机诈的一面，常凭自己的头脑行事，
"自我"当先。

然而，胜过熬炼破除我意、
我念、我谋后，雅各得以领悟神的旨意，
获得纯善的智慧。

将来大的要服侍小的

以扫向雅各起誓，卖长子的名分与雅各

以撒在基拉耳领受祝福约言

以撒蒙神赐福获百倍收成后经历三次试炼

在别是巴与亚比米勒立下和约

大儿子以扫娶外邦女子为妻

1. 将来大的要服侍小的

亚伯拉罕的儿子以撒的后代,记在下面:亚伯拉罕生以撒。以撒娶利百加为妻的时候正四十岁。利百加是巴旦亚兰地的亚兰人彼土利的女儿,是亚兰人拉班的妹子。以撒因他妻子不生育,就为她祈求耶和华。耶和华应允他的祈求,他的妻子利百加就怀了孕。孩子们在她腹中彼此相争,她就说:"若是这样,我为什么活着呢(或作"我为什么如此呢")?她就去求问耶和华。耶和华对她说:"两国在你腹内,两族要从你身上出来,这族必强于那族,将来大的要服侍小的。"生产的日子到了,腹中果然是双子。先产的身体发红,浑身有毛,如同皮衣,他们就给他起名叫以扫("以扫"就是"有毛"的意思)。随后又生了以扫的兄弟,手抓住以扫的脚跟,因此给他起名叫雅各("雅各"就是"抓住"的意思)。利百加生下两个儿子的时候,以撒年正六十岁。(25章19-26节)

论到雅各的根,要追溯到以全备的信和完全的顺从知名的亚伯拉罕。信心之父亚伯拉罕百岁生了儿子以撒。以撒是亚伯拉罕因信而得的后嗣,是因着神的大能而生的。在神面前被献作燔祭时,他也默然信从其父亚伯拉罕。他是神向亚伯拉罕所应许的子嗣。

以撒在亚伯拉罕的训导下成长,成为侍奉神的人。亚伯拉罕在妻子死后,差遣自己的老仆人去为他儿子以撒择偶。老仆人到亚伯拉罕的家乡,选利百加作以撒的妻子。

以撒四十岁与利百加结婚。婚后过了二十年仍不得生育;以撒到了六十岁仍没有后嗣,当然这跟其父亚伯拉罕百岁得子相比时间不算长,而此时以撒有些等不及了,便向神恳求使他从利百加生一个儿子。神垂听他的祷告并成全了他。

仅凭这一点,我们也可以看出以撒是大信之人,是得神保障的人。以撒自幼从父亲亚伯拉罕身上习见信心的果效,并学习领会了关乎神的奥秘,因而能够将人办不到的事向神祈求仰赖,总能得蒙成全。

但我们应看出以撒和亚伯拉罕信心的差距。亚伯拉罕为了得到应许之子,等了整整二十五年。他等候神并非在年轻之时,而是在他老迈之际,就是等到百岁时,才得了应许之子。那么,亚伯拉罕为何没有为自己得子更早一些向神恳求,不是以撒那样主动。

亚伯拉罕因信神的约,没有按人意期待显应的时候,乃将一切单单交托与神。而以撒则不同。虽然以撒祈求蒙允是因信而成的,但他未能像父亲亚伯拉罕那样,专心仰望神的意旨。亚伯拉罕和以撒的信心的差距就此显明。

经过以撒的祈求，利百加婚后第二十年怀了孕，且是双子。早在母腹中的时候，他们就彼此相争。以扫性情鲁莽急躁，雅各为人从容安静兼有机诈的秉性。

生性迥异的两兄弟之间的地位之争，早在母腹中就已开始了。利百加不堪两个孩子在她腹中相争，就说："若是这样，我为什么活着呢？"并就着这事求问神。神对利百加说"两国在你腹内"，并称"将来大的要服侍小的"。

就是先出生的哥哥以扫将来要服侍弟弟雅各，指明要经由弟弟雅各来成就神的旨意。可见神的旨意在他们出生之前就已立定。但并非意指神就是凡事任意预定和安排的独断专行的神。

神按人的内心品质拣选人，使人经受相应的熬炼，成为合神使用的器皿。因此，蒙神拣选的人，务要努力胜过熬炼，更新自己的心意，预备齐全，合乎主用，使自己配得过神的选召。以扫和雅各也不例外。

他们在母腹中的时候，神已分晓他们的天性，知道谁具有坚韧和忠贞的天性，可以炼净他成为合用的器皿。神按各人的"土质"，即性情和心器，许可相应的试炼造就各人。

假如神拣选以扫，让他承受雅各熬过的二十年的试炼，想想他能胜过吗？生性鲁莽急躁的以扫，一定是经不起那漫长的苦炼。再者以扫向来并不重视属灵福分。

雅各正好相反,虽有狡點的一面,但他爱慕属灵的福分,具有自强不息,矢志不渝的美好品志。因而能够胜过二十年的熬炼,彻底破除老我,得称为"虫雅各"(以赛亚书41章14节),即成为专心靠神的合神重用的仆人。

利百加生了一对孪生兄弟。先产的身体发红,浑身有毛,便给他起名叫以扫。随后生的,手抓住以扫的脚跟,便起名叫雅各,意为"抓住",或"欺哄者"、"抢夺者"。雅各抓住以扫的脚跟,暗示着他天生性贪,好胜,并将来由此而引发兄弟之争。

2.以扫向雅各起誓,卖长子的名分与雅各

> 两个孩子渐渐长大,以扫善于打猎,常在田野;雅各为人安静,常住在帐棚里。以撒爱以扫,因为常吃他的野味;利百加却爱雅各。有一天,雅各熬汤,以扫从田野回来累昏了。以扫对雅各说:"我累昏了,求你把这红汤给我喝。"因此以扫又叫以东("以东"就是"红"的意思)。雅各说:"你今日把长子的名分卖给我吧!"以扫说:"我将要死,这长子的名分于我有什么益处呢?"雅各说:"你今日对我起誓吧!"以扫就对他起了誓,把长子的名分卖给雅各。于是雅各将饼和红豆汤给了以扫,以扫吃了喝了,便起来走了。这就是以扫轻看了他长子的名分。(25章27-34节)

以扫和雅各二人性情和气质大相径庭。生性粗犷的以扫爱好在野地打猎，而性格安静的雅各，则喜欢待在帐棚里。以撒偏爱那长相更像自己的长子以扫，且因常吃到他的野味，更是对他喜爱有加。

从中也可以得出以撒和亚伯拉罕信仰上的差距。亚伯拉罕在应许之子以撒和以实玛利之间没有偏爱一方，而是一视同仁，但又照神在以撒身上的旨意，不徇私情，秉公行事。撒拉死后，他对后妻所生的六个儿女也同样如此：不为私情所动，完全遵从神的旨意。趁着自己还在世的时候，把财产分给他庶出的众子，打发他们离开以撒到遥远的东方定居。

而以撒呢？双子在母腹中的时候，神明明告诉以撒，祂所拣选的是雅各，不是以扫（创世记25章23节）。既然如此，以撒理应立雅各为后嗣，尽管他是次子。然而以撒注重私情，顺着己意，偏心于以扫。

以撒偏爱以扫，久而久之，使雅各心里渐渐堆满了怨恨。雅各何尝不想得到父亲更多的关爱？

看着哥哥更蒙父亲所爱，雅各极为不满。同母所怀，同日所生，凭什么你是长子，我是次子——心中越想越不服气。雅各甚是羡慕长子的福分，篡夺长子福分的欲望和野心油然而生。

生性机诈的雅各，贪恋哥哥长子的福分，处心积虑，想出了一个计策，即利用哥哥平时轻率鲁莽的性格弱点达成自己的目的。这不是从上头来的智慧，而是出乎肉体的心机，恰恰与神相悖。

这天，以扫从田间打猎归来，饥饿又困乏，雅各趁机用一碗红豆汤引诱哥哥把长子的名分卖给他。长子的名分包含着灵肉兼并的祝福：可以继承父母的遗产；又可以名列家族正统世系。

以扫急不可耐，轻率允诺雅各，并向他起誓。根本不去考虑自己的选择将带来的后果，竟为一时的饥乏而卖了自己的长子名分。而雅各则分外注重属灵的法则。

圣经屡屡强调我们言语的重要性。如箴言13章2节说"人因口所结的果子，必享美福"，箴言18章21节提到"生死在舌头的权下，喜爱它的，必吃它所结的果子"。而且雅各为获取长子的名分付出了代价，在灵里赢得了这笔"交易"。

雅各终于从以扫获取长子的名分，但因这是利用心机骗得来的，所以受熬炼是不可避免的。雅各本应为所应许的长子福分，完全向神交托，安心等候。他一定是自幼从母亲口中听到神对他的约言，就是他还在母腹中时所赐的应许。雅各若是从心里相信这一应许，必然全心靠赖全能的神，默等所定的时候。

神的旨意不是靠人意、经验和聪明所能成的。靠人的想法和智谋而行，起初貌似亨通，终究必至于试炼。神熬炼人，是为了使人彻底醒悟人意智谋的虚空。雅各也不例外，必须除去他机诈的秉性，更新自己的心意，才能得神的重用。

雅各的机诈是与生俱来的，是本性里潜藏的恶性，很难自觉醒悟，更是不易脱去，因而需要经受长达二十年的熬炼。

雅各骗取长子的名分，固然是不正当的，但以扫的态度也是神不喜悦的。长子的名分是蒙神赐福的保障，是与神立约的证据。而以扫却轻看这一福分，竟拿长子的名分换取一碗红豆汤。就算那是一句戏言，但也充分说明以扫轻看属灵福分，认为失不足惜。

3.以撒在基拉耳领受祝福约言

在亚伯拉罕的日子，那地有一次饥荒；这时又有饥荒。以撒就往基拉耳去，到非利士人的王亚比米勒那里。耶和华向以撒显现，说："你不要下埃及去，要住在我所指示你的地。你寄居在这地，我必与你同在，赐福给你，因为我要将这些地都赐给你和你的后裔。我必坚定我向你父亚伯拉罕所起的誓。我要加增你的后裔，像天上的星那样多；又要将这些地都赐给你的后裔，并且地上万国必因你的后裔得福；都因亚伯拉罕听从我的话，遵守我的吩咐和我的命令、律例、法度。"以撒就住在基拉耳。那地方的人问到他的妻子，他便说："那是我的妹子。"原来他怕说："是我的妻子。"他心里想："恐怕这地方的人为利百加的缘故杀我，因为她容貌俊美。"他在那里住了许久。有一天，非利士人的王亚比米勒从窗户里往外观看，见以撒和他的妻子利百加戏玩。亚比米勒召了以撒来，对他说："她实在是你的妻子，你怎么说她是你的妹子？"以撒说："我心里想，恐怕我因她而死。"亚比米勒说："你向我们作的是什么事呢？民中险些有人和你的妻同

寝，把我们陷在罪里。"于是亚比米勒晓谕众民说："凡沾着这个人，或是他妻子的，定要把他治死。"（26章1-11节）

以撒为了躲避饥荒，离开久居的庇耳拉海莱迁至基拉耳。那时神向以撒显现，照着以前与亚伯拉罕所立的约祝福以撒，以坚定关乎将来所得为业之地迦南及其后裔之繁盛的应许。

那么，以撒蒙神祝福的根本原因是什呢？是因着他父亲亚伯拉罕专心顺从神的话，遵守神的诫命和律例典章的缘故。神因着义人亚伯拉罕，施恩与其后嗣以撒（箴言20章7节）。但以撒得福，不单因为父亲的缘故，也因为他自己活出了信心的凭据，并非坐享其成。

到了基拉耳，以撒谎称妻子利百加为妹子。因为利百加容貌甚美，恐怕基拉耳人贪恋利百加而杀了他。有一天非利士王亚比米勒看见以撒和他的妻子利百加戏玩。

亚比米勒召见以撒询问他为何称妻子为妹子。以撒解释其缘由，亚比米勒听罢责备他说："民中险些有人和你的妻同寝，把我们陷在罪里。"又向众民下旨告示："凡沾着这个人，或是他妻子的，定要把他治死。"

就这样，神使亚比米勒得知以撒和利百加为夫妻，以免以撒遭难，进而藉着王的禁令彻底保守以撒。

经由此事，以撒醒悟到自己体贴肉体，未能全然信靠神。同时从心底里感悟到：没有神的保守和引导，我将一事无成。

4.以撒蒙神赐福获百倍收成后经历三次试炼

> 以撒在那地耕种,那一年有百倍的收成。耶和华赐福给他,他就昌大,日增月盛,成了大富户。他有羊群牛群,又有许多仆人,非利士人就嫉妒他。当他父亲亚伯拉罕在世的日子,他父亲的仆人所挖的井,非利士人全部塞住,填满了土。亚比米勒对以撒说:"你离开我们去吧,因为你比我们强盛得多。"以撒就离开那里,在基拉耳谷支搭帐棚,住在那里。当他父亲亚伯拉罕在世之日所挖的水井,因非利士人在亚伯拉罕死后塞住了,以撒就重新挖出来,仍照他父亲所叫的,叫那些井的名字。以撒的仆人在谷中挖井,便得了一口活水井。基拉耳的牧人与以撒的牧人争竞,说:"这水是我们的。"以撒就给那井起名叫埃色,因为他们和他相争("埃色"就是"相争"的意思)。以撒的仆人又挖了一口井,他们又为这井争竞,因此以撒给这井起名叫西提拿("西提拿"就是"为敌"的意思)。以撒离开那里,又挖了一口井,他们不为这井争竞了,他就给那井起名叫利河伯(就是"宽阔"的意思)。他说:"耶和华现在给我们宽阔之地,我们必在这地昌盛。"
>
> (26章12-22)

以撒在基拉耳地耕种,有了一百倍的收成。而且牛羊成群,仆人甚多。逃避饥荒迁到此地的以撒,因神的赐福,很快就成了大富户。

非利士人开始嫉妒以撒。因为一个外邦人到了他们的地发家致富,他们就看不顺眼。非利士人故意找茬,把以撒的父亲亚伯拉罕生前所挖的井,全部塞住,填满了土。

亚比米勒要求以撒离开他们去,因为以撒比他们强盛得多。借此可以看出以撒当时的财富和权势之巨。除了从父亲继承的遗产和权势外,以撒自己也因信蒙神保佑并赐福,虽寄居在异邦之地,却日趋繁茂昌盛。

对非利士人填土塞井的事,以撒不说一句怨言,也不与他们争竞。以撒虽具有连亚比米勒都生惧的权柄能力,但他不愿仗着权势去慑服那些蓄意加害于他的人。

以撒顺着亚比米勒的意思离开到了基拉耳谷。在那里重新挖出非利士人在亚伯拉罕死后塞住的一些水井。以撒得了一口活水井,基拉耳的牧人来强辩那水是他们的。尽管这口井乃是以撒重挖之前他们废弃不能再用的。以撒为了避免和他们争竞,就把那口井让与他们,给那井起名叫"埃色",意思是"相争"。

以撒的仆人又挖了一口井,基拉耳的牧人照旧来争这口井,以撒又一次让步,并给这井起名叫"西提拿",意即"为敌"。

从这个事件中,我们可以看出以撒的信仰。他活出了"你向左,我就向右;你向右,我就向左"的信仰境界,无疑是受亚伯拉罕的信仰熏陶所致。以撒活出了舍己、谦让和服侍的美德,凡事追求与众人和睦。

以撒一连三次作出让步,离开那里,又挖了一口井,基拉耳人这才止息了争竞,他就给那井起名叫"利河伯",并说:"耶和华现在给我们宽阔之地,我们必在这地昌盛。"

争井事件,乃是神对以撒的一场熬练,旨在赐福与以撒,使他的领地更加宽阔。若不是经历此事,以撒也许继续安于现状。为了避免与人纷争,以撒不得不选择屡次迁移,结果拥有了更加宽阔的领地。若只看眼前的现实,似乎处处受阻,事事掣肘,好像离开了神的保守,然而这才是蒙福的途径。

故我们无论面临任何试炼,当先查验自己,若是查出了自己的亏欠,就当赶紧悔改归正,若是无可责备,只要向神谢恩,一心行善,终必蒙神所赐相称的福分(彼得前书2章19、20节)。

以撒全然以良善举措胜过了所面临的试炼。结果使仇敌魔鬼、撒但得不着任何控告他的把柄,使神加倍的赐福畅通无阻地临到他身上。

5. 在别是巴与亚比米勒立下和约

以撒从那里上别是巴去。当夜耶和华向他显现,说:"我是你父亲亚伯拉罕的神,不要惧怕!因为我与你同在,要赐福给你,并要为我仆人亚伯拉罕的缘故,使你的后裔繁多。"以撒就在那里筑了一座坛,求告耶和华的名,并且支搭帐棚。他的仆人便在那里挖了一口井。亚比米勒同他的朋友亚户撒和他的军长非各,从基拉耳来见以撒。以撒对他们说:"你们既然恨我,打发我走了,为什么到我这里来呢?"他们说:"我们明明地看见耶和华与你同在,便说,不如我们两下彼此起誓,彼此立约,使你不害我们,正如我们未曾害你,一味地厚待你,并且打发你平平安安地走。你是蒙耶和华赐福的了。"以撒就为他们设摆筵席,他们便吃了喝了。他们清早起来彼此起誓。以撒打发他们走,他们就平平安安地离开他走了。那一天以撒的仆人来,将挖井的事告诉他,说:"我们得了水了。"他就给那井起名叫示巴,因此那城叫作别是巴,直到今日。(26章23-33节)

以撒上别是巴去。别是巴位于迦南地的南端。当夜神在那里向他显现,指示他赐福的应许,重申从前向亚伯拉罕所立的"赐迦南地给亚伯拉罕和他后裔"的盟约。

领受神赐福之应许的以撒,像其父亚伯拉罕当年所行的那样,虔诚地向耶和华神筑坛献祭,作为与神立约的证据。

以撒所到之处向神筑坛,敬献燔祭,就像亚伯拉罕生平所行,因为深知这是蒙神赐福的途径。于是神就大大赐福与他。从一国之君亚比米勒亲自前来与以撒求和的事件,可以看出以撒当时的权势威望之大。

亚比米勒看着神与以撒同在的显证，感到惧怕，想起自己从前向以撒发出"逐客令"，要求他离开他们的地，心里就有些发慌，恐怕遭报。

以撒当时财力和权势，若只够一个普通族长的分量，非利士王亚比米勒岂能亲自来见以撒？亚比米勒亲自前来拜见以撒，说明以撒的财富和势力已是远超先前的规模，更重要的是亚比米勒信服以撒是有神同在，大有权柄的人。亚比米勒虽是外邦人，却承认耶和华是无所不能的神。

这表明以撒素来放胆宣扬他的神，而且活出了神的荣耀，显明了神同在的凭据，以致连国君也俯首待他。

以撒对亚比米勒的态度如何呢？以撒并没有因曾遭亚比米勒的驱遣而向他怒言追责，索赔，或抱憾回绝。反而设摆筵席盛情款待，使他们平平安安地回去。总之，神喜悦像以撒那样爱慕良善，一心行善的人，并时常与他同在。

6. 大儿子以扫娶外邦女子为妻

> 以扫四十岁的时候，娶了赫人比利的女儿犹滴，与赫人以伦的女儿巴实抹为妻。她们常使以撒和利百加心里愁烦。
> （26章34、35节）

单从以扫的婚姻问题看，我们也能轻易得知神拣选雅各而不拣选他的原因。以扫辜负父母的心愿，娶了赫人女子犹滴和巴实抹为妻。说明他对自己家族在神面前固守血统以及信仰的纯正漠不关心。这事足以表明以扫内心品质的低劣。

以扫为了一碗红豆汤，卖了自己的长子名分，事后却仍不知半点自省。他若是认识到长子名分之贵重，定会在信神的子民中选择自己的配偶。他何尝不知祖父亚伯拉罕为了保持家族世系的纯正，差人到本地父家去，为乃父以撒择偶的事情。

以扫毫无顾虑地娶了外邦女子为妻，这一轻率之举令以撒和利百加担忧。从中可以看出以扫的长子名分转移到雅各身上的必然性。

雅各虽然用计骗取哥哥的长子名分，但他有一颗敬畏神并爱慕属灵福分的美好心灵。神看透两个兄弟的内心，便说"雅各是我所爱的，以扫是我所恶的"（罗马书9章13节；玛拉基书1章2、3节）。

"以扫是我所恶的"是指神憎恶以扫轻忽神的祝福那种心态。是故神当初就拣选雅各作选民以色列的始祖，而非以扫。

神就是爱，爱惜祂所有的儿女，愿万人照着祂的公平，蒙祂丰富的慈爱。同时祂又是公义的神，按着公义，照人所行的施爱与各人。我们做出怎样的选择，决定我们蒙神爱的程度；明智的选择会带来人内心品质的改善，决定能否得神称许。

因此，以扫不应该抱怨自己应得的福分全归于弟弟雅各，而当反省自己为何落到如此地步，并思考雅各蒙神所爱的原因，进而努力效法雅各的美好心志。然而以扫却恰恰相反，从而失去了自己应得的福分。

以撒欲祝福以扫得长子的福分
利百加和雅各合计欺骗以撒
雅各骗取长子的祝福
以扫的怨怒和以撒的祈祷
以扫怨恨雅各心怀杀念

1. 以撒欲祝福以扫得长子的福分

> 以撒年老，眼睛昏花，不能看见，就叫了他大儿子以扫来，说："我儿。"以扫说："我在这里。"他说："我如今老了，不知道哪一天死。现在拿你的器械，就是箭囊和弓，往田野去为我打猎，照我所爱的作成美味，拿来给我吃，使我在未死之先给你祝福。"（27章1-4节）

"以撒年老，眼睛昏花"，表明他寿高年迈身体衰败。而活出完全的信，全然成圣的亚伯拉罕则不同，直至命终依然保持康健。以撒因未能完全除净心里的恶，故而受到肉体规律的限制。

这是亚伯拉罕和以撒的信仰境界的差距所带来的结果。出埃及的领袖摩西先知也因为"谦和胜过世上的众人"、在信上得以完全，所以死的时候"眼目没有昏花，精神没有衰败"（申命记34章7节），正如约翰三书2节所说"亲爱的兄弟啊，我愿你凡事兴盛，身体健壮，正如你的灵魂兴盛一样"。

那么，以撒年老，身体衰败，眼目昏花的具体原因是什么？呈现在差别对待以扫和雅各、轻忽神的话，随己意行事、不能以温柔的心包容家人等几个方面。

以撒理应反躬自省，醒悟自己的不足和欠缺，但他仍旧随自己的意思而行。直到年纪老迈，死期临近，仍旧偏心向着以扫，单要给以扫祝福。他叫了以扫来，对他说："为我打猎，照我所爱的作成美味，拿来给我吃，使我在未死之先给你祝福。"可见以撒自预感到自己的死期已临近后所行的事，跟其父亚伯拉罕大相径庭。

亚伯拉罕趁自己在世的时候，分财物给自己庶出的众子，打发他们迁居东方。他顾念和关爱所有的儿女，也给以撒以外的其他儿子们满足自立生存的条件。

然而，以撒在临终前仍旧专顾自己所偏爱的以扫，叫他作成美味来，好给他祝福。当然，为长子多施祝福倒是无可非议，但问题是以撒专注以扫而未顾及雅各。如此以撒至终都是随从私意而行。

以撒叫以扫为他作成美味，这里包涵着关乎蒙神赐福的灵界法则。以撒作为父亲愿意尽情祝福以扫，他也知道要使祝福临到以扫，必须满足相应的条件，于是叫以扫照父亲素常喜欢的，作成美味给他吃。

为了蒙神赐福，需要有专心诚意的栽种，就是由信而发的奉献行为。因为人的内心真诚和信志的行为表现，会成为神赐福的依据。

　　以利亚先知吩咐撒勒法的寡妇拿仅有的一点粮食接待他，也是出于这个缘由。撒勒法的寡妇因信顺从以利亚，"栽种"她的美行，以利亚所祝的福就临到她的家庭，直到干旱结束，面油不短缺（列王纪上17章）。

　　我们若要"收获"神的应允与赐福，也要遵循这一法则。就是信靠神，作出专心诚意的"栽种"，信行统一。若是能凭信奉献"美味"，即自己最为宝贵的，便会更得神的喜悦。

2. 利百加和雅各合计欺骗以撒

> 以撒对他儿子以扫说话，利百加也听见了。以扫往田野去打猎，要得野味带来。利百加就对他儿子雅各说："我听见你父亲对你哥哥以扫说：'你去把野兽带来，作成美味给我吃，我好在未死之先，在耶和华面前给你祝福。'现在我儿，你要照着我所吩咐你的，听从我的话。你到羊群里去，给我拿两只肥山羊羔来，我便照你父亲所爱的，给他作成美味。你拿到你父亲那里给他吃，使他在未死之先给你祝福。"雅各对他母亲利百加说："我哥哥以扫浑身是有毛的，我身上是光滑的，倘若我父亲摸着我，必以我为欺哄人的，我就招咒诅，不得祝福。"他母亲对他说："我儿，你招的咒诅归到我身上，你只管听我的话，去把羊羔给我拿来。"他便去拿来，交给他母亲，他母亲就照他父亲所爱的作成美味。

(27章5-14节)

以撒爱以扫过于爱雅各，于是要祝福以扫，使长子的福分归于他。殊不知这恰恰与神的旨意相悖。

雅各和以扫还在母腹中的时候，神就拣选了雅各。以撒和利百加都明白此事。然而以撒一门心思要给自己所喜爱的以扫祝福，至终囿于偏狭之爱，偏离神的旨意而行。见此情景的利百加也存心不正。她也像以撒一样，在对待孩子的事上存在偏狭的一面，她爱雅各过于爱以扫。

利百加得知以撒定意要单独给以扫祝福，就心里着急，想方设法要让雅各得到这一福分。她把从以撒那里偷听来的事告诉了雅各，并告诉他具体的应对策略，即欺哄丈夫的诡计。

利百加吩咐雅各从羊群里拿两只肥山羊羔来，她就给以撒作成他所喜爱的美味。让雅各把这美味拿到父亲那里给他吃，就可以得父亲的祝福。

雅各对母亲说："我哥哥以扫浑身是有毛的，我身上是光滑的，倘若我父亲摸着我，必以我为欺哄人的，我就招咒诅，不得祝福。"

雅各深知父亲以撒是神所保障的人，祝福谁，恩福必临到谁；咒诅谁，咒诅也必临到谁。雅各外貌跟哥哥差别很大，生怕自己的骗局因此而被父亲识破，落得非但求福不成，反招咒诅。

于是，他不敢轻易接纳母亲的主意。雅各之所以犹疑不决，非因母亲利百加对他父亲的欺骗手段，而是顾虑计划失败后可能会招致的咒诅。

雅各若是一个追求良善与正道的人，当时一定会断然拒绝母亲的怂恿，因为这是儿子欺哄父亲，妻子瞒骗丈夫的行径。但雅各因过于奢求长子的福分，顺合了母亲的意思。

利百加为了打消雅各怕计谋失利反被咒诅的顾虑，对他发誓说：所招的咒诅全归到她身上。由于叫儿子得福的心情过于迫切，她轻率地口出此言。

箴言18章21节说"生死在舌头的权下，喜爱它的，必吃它所结的果子"，利百加因她口里所出的"咒诅归到我身上"这一句话，余生饱受心灵的苦痛。她被迫忍痛打发心爱的儿子雅各去投靠他远方的母舅；之后整整二十年，为在他乡受苦的儿子承受挂心和思念之痛。

又因知道以扫仇怨雅各，并怀藏杀念而日日不得安宁。这样，利百加因动用肉体的意念，家庭的和睦被打破，因口中所出的话，付出了痛苦的代价。

雅各虽具备合神重用的良好内心品质，但他还有很多有待改正的缺点，尤其是因着心中尚存的贪婪和私欲而招致了重重的试炼。

3. 雅各骗取长子的祝福

利百加又把家里所存大儿子以扫上好的衣服给她小儿子雅各穿上,又用山羊羔皮包在雅各的手上和颈项的光滑处,就把所作的美味和饼交在她儿子雅各的手里。雅各到他父亲那里说:"我父亲!"他说:"我在这里。我儿,你是谁?"雅各对他父亲说:"我是你的长子以扫,我已照你所吩咐我的行了。请起来坐着,吃我的野味,好给我祝福。"以撒对他儿子说:"我儿,你如何找得这么快呢?"他说:"因为耶和华你的神使我遇见好机会得着的。"以撒对雅各说:"我儿,你近前来,我摸摸你,知道你真是我的儿子以扫不是?"雅各就挨近他父亲以撒。以撒摸着他说:"声音是雅各的声音,手却是以扫的手。"以撒就辨不出他来,因为他手上有毛,像他哥哥以扫的手一样,就给他祝福。又说:"你真是我儿子以扫吗?"他说:"我是。"以撒说:"你递给我,我好吃我儿子的野味,给你祝福。"雅各就递给他,他便吃了;又拿酒给他,他也喝了。他父亲以撒对他说:"我儿,你上前来与我亲嘴。"他就上前与父亲亲嘴。他父亲一闻他衣服上的香气,就给他祝福,说:"我儿的香气如同耶和华赐福之田地的香气一样。愿神赐你天上的甘露、地上的肥土,并许多五谷新酒。愿多民侍奉你,多国跪拜你;愿你作你弟兄的主,你母亲的儿子向你跪拜。凡咒诅你的,愿他受咒诅;为你祝福的,愿他蒙福。"(27章15-29节)

以撒祝福雅各

利百加深知长子福分之宝贵，于是切愿这一福分能够归到自己所爱的雅各身上，表明她对属灵的福分有深切的爱慕之心。这在利百加给雅各装扮的细节上，充分体现出来。

她把家里所存以扫上好的衣服给雅各穿上，又用山羊羔皮包在雅各的手上和颈项的光滑处，伪装他哥哥以扫。利百加打发雅各去受取祝福时，给他穿上上好的衣服是有原因的。

我们若想蒙神赐福，应当先显出信心的凭据来，其中代表性的就是奉献至诚的礼物给神。还有重要的一点是要预备可蒙悦纳的心志。

"衣服"所代表的灵意是人的心。旧约时代注重行为层面，以穿上好的衣服，表示虔诚恭敬。利百加懂得蒙神赐福的灵界法则，便叫雅各预备美味并穿上哥哥的存衣。

雅各把自己装扮成以扫的模样，并带着母亲利百加为他作好的美味和饼，到以撒那里说："我父亲！"以撒双目昏花，辨识不清，便问来的是谁。雅各谎称自己是以扫，请父亲吃他的野味，给他祝福。

以撒虽然寿高年迈，体衰目昏，但雅各和以扫的声音还是能分得出来的。以撒感觉声音不像以扫，就叫他近前来，要亲手摸一摸。发现其手上有毛，便认为是以扫了。

以撒说："声音是雅各的声音，手却是以扫的手"，伸手要给雅各祝福。对此或有人感到不解："以撒怎么会如此轻易中计？"但考虑到当时以撒的状况和心境就可以理解了。

以撒一门心思要给以扫祝福，暗中吩咐以扫作成美味来。因此想不到带美味来的会是雅各。听声音有些可疑，但摸了手后就放下心来给他祷告祝福。都是因为私欲所致，偏行己意，丧失了判断力。

当然，以撒受骗乃是神按祂的旨意所许可的缘故。但他若不随从私欲，专心以善为念，便不会中了雅各和利百加的合谋。以撒始终专宠以扫，单要祝福他。正是这种偏狭之心和邪情私欲，使得以撒丧失了神人应有的属灵辨别力，在能够轻易分辨的事上却入了迷惑。

看来一个家族受试炼的起因，非一人之恶。乃因以撒偏狭不公；利百加自私固执；以扫轻率鲁莽；雅各贪婪机诈等，他们四人的劣根性交织在一起，导致了家庭不和，酿成离别和苦痛。

以撒在祝福之前要再次确认拿美味来的真是以扫不是。他说："我儿，你上前来与我亲嘴"，是要试闻他衣服的香气，另外是要表示"祝福归于此儿"的属灵含义。

以撒闻雅各衣服上的香气，便断定是以扫。这些细节其实尽在利百加的预料之中，便提前给雅各穿上以扫的衣裳。可以看出其设计的细密周全。利百加和雅各的合谋终于得逞，雅各窃取了以撒的祝福。

首先"我儿的香气如同耶和华赐福之田地的香气一样"，是表示所祝的福非出于以撒的意思，而是出于神。就是奉耶和华神的名所祝的福。接着说"愿神赐你天上的甘露、地上的肥土,并许多五谷新酒",这是关乎肉体上的美福。

而重要的是属灵的福分。从前神祝福亚伯拉罕说"为你祝福的,我必赐福与他;那咒诅你的,我必咒诅他",这一圣约经由以撒,现在又临到领受长子祝福的雅各身上。

"愿多民侍奉你,多国跪拜你;愿你作你弟兄的主,你母亲的儿子向你跪拜。凡咒诅你的,愿他受咒诅;为你祝福的,愿他蒙福。"

这不单是对雅各个人的祝福之约,也关乎将来要从雅各而出的选民以色列。因而以色列常蒙神特殊的慈恩怜恤,直到神对人类的耕作结束。

那么,神为何容许雅各所谋得逞,获得长子福分呢?雅各虽用的是伎俩,但这显然有别于害人的诡计。

例如,大卫的儿子押沙龙,历经多年处心积虑酝酿篡夺父王之位的阴谋。他运用奸计,暗中笼络民心,私自培植党羽,以至率众造反父王大卫(撒母耳记上15章)。押沙龙随从邪心恶念反叛王权,终以失败告终,落得悲惨的结局。

而雅各虽因私欲所趋,动用不正当手段,但并无害人之恶念。当然,寻根究底,这是出于他机诈的属性,并不为神所喜悦。于是神允准雅各获得长子的福分,但他必须为此经历熬炼,发现并除净自己根本的恶性。

4. 以扫的怨怒和以撒的祈祷

　　以撒为雅各祝福已毕，雅各从他父亲那里才出来，他哥哥以扫正打猎回来，也作了美味，拿来给他父亲，说："请父亲起来，吃你儿子的野味，好给我祝福。"他父亲以撒对他说："你是谁？"他说："我是你的长子以扫。"以撒就大大地战兢说："你未来之先，是谁得了野味拿来给我呢？我已经吃了，为他祝福，他将来也必蒙福。"以扫听了他父亲的话，就放声痛哭，说："我父啊！求你也为我祝福。"以撒说："你兄弟已经用诡计来将你的福分夺去了。"以扫说："他名雅各岂不是正对吗？因为他欺骗了我两次，他从前夺了我长子的名分；你看，他现在又夺了我的福分。"以扫又说："你没有留下为我可祝的福吗？"以撒回答以扫说："我已立他为你的主，使他的弟兄都给他作仆人，并赐他五谷新酒可以养生。我儿，现在我还能为你作什么呢？"以扫对他父亲说："父啊，你只有一样可祝的福吗？我父啊，求你也为我祝福。"以扫就放声而哭。他父亲以撒说："地上的肥土必为你所住；天上的甘露必为你所得。你必依靠刀剑度日，又必侍奉你的兄弟，到你强盛的时候，必从你颈项上挣开他的轭。"
（27章30-40节）

雅各领受长子的祝福，从父亲那里出来，以扫正打猎回来，就照父亲的吩咐作了美味，急忙拿到父亲那里去。之前发生什么事，以扫全不知情,对父亲说:"请父亲起来,吃你儿子的野味,好给我祝福。"

以扫理所当然地求父亲为他祝福,使长子的福分归于他。以扫求父亲的祝福,不像雅各那样穿上上好的衣裳,怀着谦卑和羡慕的心去求,而以"我是来领我应得的福分"这种漫不经心的态度前来。

从中可以看出以扫心性之拙劣。他心无预备地来领长子的祝福,又一次显明他对长子福分的轻忽怠慢。

而且能看出其心中无善。否则当以撒说要祝福他的时候,定会想到自己的弟弟,愿他也得蒙相应的福分。而他毫不顾念雅各,惟恐错失良机,赶紧预备美味,要去领受父亲的祝福。

作好美味,到父亲那里求福时,他也仍旧专顾一己之私。以扫以自我为中心,只求自己的益处,不思关照别人的狭隘心胸,在此尽显无遗。

以扫身为兄长,若有一点容人之量,定会考虑到弟弟的立场。而他骨肉亲情淡漠,不知关顾他人,惟念一己之福,最终反而使一切祝福都归到雅各身上。

以撒刚给"以扫"祝福,不料以扫又来求他祝福,便惊诧不已,得知实情后又大大战兢。这一战兢,不是因为惊慌,也不是出于怒怨,而是因自己没照神的旨意给人祝福。

如前所提,以撒曾暗中叫了以扫来,对他说"照我所爱的作成美味，拿来给我吃，使我在未死之先给你祝福"（创世记27章4节）。两个孩子在母腹中的时候，神就指示以撒说雅各是祂所拣选的。而以撒竟仍认为以扫当得长子的福分是神的旨意。

以撒囿于自己的成见，还以为自己不慎偏离"神的旨意"，错使长子的祝福归到别人身上。不知这事该如何是好，便心中忧惧，大大战兢。

以撒知道奉耶和华的名所祝的福是不能更改的。于是对以扫说："你未来之先，是谁得了野味拿来给我呢？我已经吃了，为他祝福，他将来也必蒙福。"意思是我已经为别人祝福，已经无法挽回。

得知真情的以扫就放声痛哭说："我父啊！求你也为我祝福。"他将自己为一碗红豆汤卖长子名分给雅各的往事根本没有放在心上，仍以为长子的名分专属自己，因而觉得父亲还会将长子的祝福归在他身上。现在他心里清楚事已至此，无可挽救，这也是他放声痛哭的原因。

以扫向父亲诉冤，恳求父亲也为他祝福。以撒就成全以扫，但所祝的只是寻常的福，不是关乎继承正统世系的长子的福分。面对这种状况，以撒和以扫二人仍不知反省并承认错误，反而将一切归咎于雅各。

以撒说："你兄弟已经用诡计来将你的福分夺去了"，依然对自己的不慎和错失无所察觉和醒悟，只管归罪于雅各。他们若先反省自己，查验事情发生的原因，神必施恩与他们，得以醒悟自己的欠缺。

然而以撒没有这样做。以扫更是不思自省，反而提起旧事，愤愤抱怨起雅各来。对自己轻看长子的名分而妄行神不喜悦之事，仍不反思。

总是把不好的结果归咎于他人的，很难发觉自己的不足，更难实现心意的更新。如果以扫及时承认自己的错误，向神屈膝，恳求怜悯，神必因着他的谦卑，为他开启祝福之门。

然而，以扫却顺着恶欲，宣泄怨言，强求父亲也给他祝福。以扫继续央求以撒，以撒便回应说："我已立他（雅各）为你的主，使他的弟兄都给他作仆人，并赐他五谷新酒可以养生。我儿，现在我还能为你作什么呢？"

以扫心里只有一个念头，就是长子的福分无论如何也应该归于他，便央求以撒说："父啊，你只有一样可祝的福吗？我父啊，求你也为我祝福。"说完就放声而哭。

看着自己疼爱的儿子这般可怜，以撒心里该是多么的伤心难过！以撒出于怜悯给以扫祝福，但按属灵法则，他知道已经不能给以扫祝与雅各同等的福，只能为他求应得的份儿，同时明确两人之间"雅各在先，以扫在后"这一属灵次序。

以撒对以扫说："地上的肥土必为你所住；天上的甘露必为你所得。你必依靠刀剑度日，又必侍奉你的兄弟，到你强盛的时候，必从你颈项上挣开他的轭。"

"地上的肥土必为你所住"表示以扫也可以居于归属雅各的地

土。"地上的肥土必为你所住；天上的甘露必为你所得"是指得居地上的肥土和得享天上甘露的福分已归于雅各，以扫也可得居得享，但要在雅各的属下，分享雅各福分的一部分。

以撒又指着以扫说"你必依靠刀剑度日"，这里既包含着辛苦劳作必得相应的收获，同时也表示当他向神变了心，远离神恩时，不蒙神的保守，终身将离不开侵扰与争战的命运。

"必侍奉你的兄弟"是表明雅各与以扫的上下次序，就是神立雅各为主，以扫为仆。

又说"到你强盛的时候，必从你颈项上挣开他的轭"，即指以扫作为雅各属下的"轭"，要到他命终，挣脱地上的束缚时，才能得释。然而，挣脱了这地上的"轭"，即地位等次，而将来仍要遵循属灵的次序地位。

我们将来要得进的天国，次序分明，各人按着在世遵行圣道，造就灵心的的程度，将获得不同的地位、尊荣。因为神按着灵界的法则，照各人在世所种所行的报应各人。

5. 以扫怨恨雅各心怀杀念

以扫因他父亲给雅各祝的福，就怨恨雅各，心里说："为我父亲居丧的日子近了，到那时候，我要杀我的兄弟雅各。"有人把利百加大儿子以扫的话告诉利百加，她就打发人去，叫了她小儿子雅各来，对他说："你哥哥以扫想要杀你，报仇雪恨。现在我儿，你要听我的话，起来逃往哈兰我哥哥拉班那里去，同他住些日子，直等你哥哥的怒气消了。你哥哥向你消了怒气，忘了你向他所作的事，我便打发人去把你从那里带回来。为什么一日丧你们二人呢？"利百加对以撒说："我因这赫人的女子，连性命都厌烦了；倘若雅各也娶赫人的女子为妻，像这些一样，我活着还有什么益处呢？"（27章41-46节）

失去长子福分的以扫，不能容忍雅各，不胜心中的怨怒，定意等父亲去世后要杀雅各雪恨。非但怨恨弟弟，甚至决意害之，可知以扫的恶性之深。

以扫恶性根深蒂固，起意要杀弟弟，但不想在父亲活着的时候行这事。觉得在父亲生前行这恶，有违天伦。

当然，心怀杀弟之念已是逆伦，失孝于父母。不过旧约时代，得救的标准在行为层面上，以扫当时顾念父母而没有即刻行恶，还可算是一丝善念，这便成为他以后赖以得救的依据。

利百加得知以扫要杀弟雪恨，决定打发雅各去避难。要杀雅各的话竟能传到利百加耳中，可想以扫的愤怒已到极点。

事情发展到如此地步，利百加觉得应该让两个儿子分居一段时间。但她不知以扫的怨恨何等之深，以为暂时让兄弟分居，过些时候，怨怒自然也就止息了。由于当下以扫正怀着杀念，情势危急，利百加心中只有保护雅各的念头。

利百加想出一策来救雅各，就对以撒说"我因这赫人的女子，连性命都厌烦了；倘若雅各也娶赫人的女子为妻，像这些一样，我活着还有什么益处呢？"

意思是：以扫娶了赫人的女子为妻，已经让我受够了，如果连雅各也学他哥哥的样式，娶外邦女子为妻，叫我以后怎么活下去。言外之意是应该把雅各送到他本族那里去择偶娶亲。

利百加以此为借口，要让雅各到哈兰她哥哥拉班那里避难。这一计策似乎很精明，但问题是利百加的居心非善。为了达成自己的目的，非但再一次欺哄丈夫，且还暗揭以扫妻子们的短处。

以扫娶外邦女子为妻固然是神不喜悦的，但利百加故意提起此事，借以维护神的旨意，实则别有用心。就是利用别人的短处，要达到自己的目的。利百加所施之计，也许能使雅各脱离目前的危机，但起意原非怀善。

在你母舅拉班的女儿中娶一女为妻
以扫试图挽回长子的名分
雅各在伯特利领受神的约言
在伯特利向神许愿并立定心志

1.在你母舅拉班的女儿中娶一女为妻

以撒叫了雅各来，给他祝福，并嘱咐他说："你不要娶迦南的女子为妻。你起身往巴旦亚兰去，到你外祖彼土利家里，在你母舅拉班的女儿中娶一女为妻。愿全能的神赐福给你，使你生养众多，成为多族，将应许亚伯拉罕的福赐给你和你的后裔，使你承受你所寄居的地为业，就是神赐给亚伯拉罕的地。"以撒打发雅各走了，他就往巴旦亚兰去，到亚兰人彼土利的儿子拉班那里，拉班是雅各、以扫的母舅。（28章1-5节）

利百加所提出打发雅各到巴旦亚兰去，在本族人中娶一女子为妻的提议被以撒采纳，雅各得以逃避以扫的盛怒。以撒叫雅各来，给他祝福，并嘱咐他不要娶迦南地的女子，要到巴旦亚兰去，从他母舅拉班的女儿中娶一女为妻。

以撒虽很多方面不如其父亚伯拉罕，但他也具备了一些良好的内心品质，也是能够成就神旨意的一个合用的器皿。他知道长子的祝福已归雅各，不能更改，于是顺着神的旨意，决定打发雅各到他在远方的母舅家里。以撒叫了雅各来，奉耶和华神的名祝福雅各，重申长子的福分，使雅各在神的保佑下踏上新的生命历程。

雅各由母亲利百加承传了机诈的秉性。他必须除去这一秉性，才能合神重用。于是神使他经受相应的熬炼。雅各离开父家投奔母舅拉班，这便是他熬炼的开端。这场熬炼，乃是雅各必需经历的，也是神照祂的旨意所安排的。

神计划要藉着雅各的众子，形成以色列十二支派。雅各是神的选民以色列的起源，不能娶外邦女子为妻。神就使他经历这场熬炼，既蒙造就，又得以在同族中娶妻。

遵着父亲以撒的吩咐，雅各启程前往母舅拉班的家乡巴旦亚兰。巴旦亚兰是从前亚伯拉罕和他的家族生活过的地方（创世记11章31节）。亚伯拉罕蒙神呼召迁居迦南地后，他的兄弟拿鹤和他子孙依旧生活在那里。

拉班是拿鹤的孙子，是利百加的哥哥。第5节说"拉班是雅各、以扫的母舅"，次子雅各在先，长子以扫在后，这不仅是因为雅各是利百加更爱的儿子，更是因为雅各已被定位为以撒的继承人了。

2.以扫试图挽回长子名分

> 以扫见以撒已经给雅各祝福,而且打发他往巴旦亚兰去,在那里娶妻,并见祝福的时候嘱咐他说:"不要娶迦南的女子为妻。"又见雅各听从他父母的话往巴旦亚兰去了,以扫就晓得他父亲以撒看不中迦南的女子,便往以实玛利那里去,在他二妻之外,又娶了玛哈拉为妻。她是亚伯拉罕儿子以实玛利的女儿,尼拜约的妹子。(28章6-9节)

雅各立刻起行往巴旦亚兰去。以扫不知母亲打发雅各走的深意,只以为弟弟是要到母舅家里去找配偶,觉得自己也当在同族中再娶一个妻子。

他以前悖着父母的意愿,任性娶了赫人的女子,这事常让母亲和父亲以撒心里愁烦。之前,他从不考虑父母的感受,而现在景况不同了。

长子的名分已归于雅各,而且雅各一旦娶了同族的女子,作为继承正统世系的长子地位就会得到巩固。以扫认为只要杀了雅各,长子的名分必重归于他。但他察觉到将来自己的婚姻终必成一个问题。

长子是要传承正统宗族世系,而以扫的妻子都是外邦女子,让父母愁苦。与之相反,雅各顺着父母之命,为正统宗族世系的传承,到远方去择偶娶亲。

以扫看着雅各的作为,产生了危机感。觉得自己也应该像雅各那样，娶本族女子为妻，以便将来挽回长子名分后，能够领受完整的福分。

于是赶忙到承受他祖父亚伯拉罕血统的以实玛利那里去，娶了一个叫玛哈拉的女子为妻。其实这并非出于他对父母的孝顺之心，不过为满足自己作长子条件的应对之策罢了。

经上说"我们相爱，不要只在言语和舌头上，总要在行为和诚实上"（约翰一书3章18节）。爱体现在发自真诚的行动。而以扫之为，无非想恢复自己长子名分的手段而已。因而以扫虽娶了以实玛利的女儿，但仍不能得神和父母的喜悦。

以扫对自己失去长子名分十分恼恨，耿耿于怀。因此，在之后的二十年、直至与雅各和解的那日，以扫所承受的内心痛苦是巨大的。心中的怨恨日趋积淀，等到雅各返乡归来，始终在郁愤中度日。

当然，雅各与以扫和解之前，心里也总是不平安。但心怀仇怨和杀意的以扫所受的苦痛，远大于雅各。我们当知道，向人怀怨是自讨苦吃，百害无一利。仇恨、嫉妒等情绪长期郁积于心，非但伤了心灵，还会坏了肉体。

以扫若是选择宽容，向神交托一切，就无须承受那么长时间的痛苦。同样，雅各若是不动用人意，专心仰赖神，其熬炼和苦难的日子也必大大减少。

3.雅各在伯特利领受神的约言

> 雅各出了别是巴,向哈兰走去。到了一个地方,因为太阳落了,就在那里住宿,便拾起那地方的一块石头枕在头下,在那里躺卧睡了。梦见一个梯子立在地上,梯子的头顶着天,有神的使者在梯子上,上去下来。耶和华站在梯子以上(或作"站在他旁边"),说:"我是耶和华你祖亚伯拉罕的神,也是以撒的神,我要将你现在所躺卧之地赐给你和你的后裔。你的后裔必像地上的尘沙那样多,必向东西南北开展,地上万族必因你和你的后裔得福。我也与你同在,你无论往哪里去,我必保佑你,领你归回这地,总不离弃你,直到我成全了向你所应许的。"雅各睡醒了,说:"耶和华真在这里!我竟不知道。'就惧怕说:'这地方何等可畏!这不是别的,乃是神的殿,也是天的门。"雅各清早起来,把所枕的石头立作柱子,浇油在上面。他就给那地方起名叫伯特利(就是"神殿"的意思);但那地方起先名叫路斯。(28章10-19节)

雅各在投奔母舅拉班的途中,因为天暗了,就在野地露宿。雅各想到自己此时了无依靠,以石为枕,卧眠于地的凄苦境地,孤伶之感油然袭来。

追忆着往日的光景,万般思绪掠过心头,"一切都是我的贪婪所致!""在父母护荫下的生活是多么温馨啊!""将来还会有什么样的遭遇?"思绪纷繁中,雅各恍然入眠,梦见一个奇异的情景:一个梯子立在地上,梯子的头顶着天,有神的使者在其上,上去下来。神在第一层天的空间开启了第三层天的门,使雅各体悟到灵肉两界是彼此相连的。

使徒行传7章也记载着类似的情形:"但司提反被圣灵充满,定睛望天,看见神的荣耀,又看见耶稣站在神的右边,就说:'我看见天开了,人子站在神的右边。'"

司提反执事是得成圣洁的人,心无邪恶,能为那些拿石头击杀自己的众人,以爱代求:"主啊,不要将这罪归于他们!"司提反当下灵眼被开启,目睹属灵的异景:看见天门开了,又看见神的荣耀和主站在神右边的情形。看着这些情景,司提反的心情该是多么激动!

雅各就是看见了第三层天的空间。神给他显现顶天而立的梯子,乃要使他感悟到天门开了,而且雅各所宿之处和神所在的空间彼此通连,有神的圣言从上头赐下来。当然,并非有了梯子才能连接灵肉两个空间,而是借由梯子这一具体形象的设置,使雅各更能清楚地意识到灵肉两界的相连。

神的使者上去下来,是在传递神的信息。雅各虽在梦境,但这实际上是真相在现,神向他传递祝福的约言,启示将来藉着他要成就的美意。

"我是耶和华你祖亚伯拉罕的神,也是以撒的神,我要将你现在所躺卧之地赐给你和你的后裔。你的后裔必像地上的尘沙那样多,必向东西南北开展,地上万族必因你和你的后裔得福。我也与你同在,你无论往哪里去,我必保佑你,领你归回这地,"

神为雅各安排的前景,对雅各而言是旨在破除老我,得到更新造就的熬炼,但从神的角度说,乃是成就祂选民以色列的一个环节。神在异梦中指示雅各将来必成的事,使他此后能够信靠神的圣约,依托所赐的异象,凡事得胜有余。

这一信约无疑给背井离家,正在逃难异域他乡途中的雅各带来了极大的鼓舞,因为领受了神"时至必归回家乡、后裔将大大繁盛、必蒙神随时的同在保佑"的承诺。

信实的神使祂与亚伯拉罕所立的约,经由其子以撒,传与承接正统世系的雅各,要藉由雅各来实现祂这一圣约。就这样,神掌管历史的走向,细致地引领各人的生命历程,以保证所立的约言完美实现(以赛亚书55章11节)。

雅各睡醒了,感慨"耶和华真在这里!我竟不知道",因为梦中的光景十分真实,雅各得了神亲临此境的看见。

通过这一异象,雅各切实领悟到神在他身上的旨意。领受这一奇异祝福之应许的雅各,就地立石为柱以代筑坛,坚定与神之间的约定。

因当时没有可献作燔祭的供物,雅各便立石为记,以证神祝福的应许全然归于自己。此时，雅各思考着当下的处境，深省自己，获得许多启悟。

原以为得了长子的名分，就可以稳坐长子的尊位，尽享所赐的福分，不料现实的遭际却完全与所思相反——为了躲避以扫的盛怒，被迫放弃安稳的生活，远走他乡，落得孤独无靠的凄苦境地。

正当此时，神向雅各指示祝福之语，并保证祂约言的兑现。雅各这才明白一切尽在神的旨意中，同时感到些许后怕。

他说："这地方何等可畏！这不是别的，乃是神的殿，也是天的门。"其中"这地方何等可畏"是因为感觉到自己得见神并听见神声音的地方，竟然颇显神性灵韵。因为是神临格之处，故称此地为"神的殿"，有通向神的道，又为"天的门"。

雅各感到后怕的另一个原因是：恐怕自己动用肉体的意念，会偏离了神的旨意。比如遭遇当下这种逆境，他认为原因是自己没能将一切全然向神交托而任意行事所致。

这样，雅各因着亲身经历神，领会神的旨意，省悟并悔改自己的过错。为了铭记这一恩典，就将所枕的石头立作柱子，浇油在其上，作为坚定与神之间立约的凭据。雅各给那地方起名叫伯特利。

伯特利就是"神殿"的意思。后来雅各结束了二十年的熬炼，与哥哥以扫和好后，神再次把雅各引到此地（创世记35章1节），并使他在与神立约之处，正式筑一座坛给神，又一次称他为"以色列"，重申祝福的圣约。

神赐约言给逃避以扫投奔母舅拉班的雅各，这成为他日后胜过试炼的动力。面对绝望的苦境，雅各因常念神的同在并信靠神对他的旨意，能够重新得力，胜过现实的种种艰困。

我们可以发现，体贴肉体的意念误犯某种错误而有了罪墙时，各人的应对会因心志的不同而呈现差异。

爱神并对神的爱有确信的人，很容易把握蒙神恩典的机会。因为爱神的缘故，能够切身感知神的爱。不爱神的人则恰恰相反，因为感悟不到神的爱，就很容易错过蒙恩的机会，依旧背着沉重的负罪感，在灰心和颓丧中度日。

而雅各是诚然爱神的人，因此当神恩临到的时候，就能抓住机遇，深省并懊悔自己的不足和欠缺，得以领受上头来的能力。

4. 在伯特利向神许愿并立定心志

> 雅各许愿说："神若与我同在，在我所行的路上保佑我，又给我食物吃、衣服穿，使我平平安安地回到我父亲的家，我就必以耶和华为我的神，我所立为柱子的石头也必作神的殿，凡你所赐给我的，我必将十分之一献给你。"（28章20-22节）

此时，雅各正在逃避哥哥前往哈兰途中，心中不免有些愧疚。况且要投靠的那个母舅，他一次都没见过，担心自己会被冷待。前途迷茫，忧心忡忡。雅各于是向神许愿：若蒙神的保佑，平安回到父家，就必一心服侍神，所立为柱子的石头也必作神的殿，且必将所得的十分之一献给神。

从前，亚伯拉罕首次将自己所获的十分之一献给了麦基洗德，而此时藉着雅各，十一奉献的概念得以确立。从总收入中取十分之一献给神，表示因信承认神是我们生命的主、是物质世界的主宰。

雅各向神许愿说：您对我如何如何行，我必将十分之一献给你。这似乎是在与神谈条件。其实不然！这是他按着对圣约的珍重和确信以及诚然履约之志而许上的誓愿。

哈兰附近遇见拉结
为娶拉结服待拉班七年
拉班的骗局与雅各的两个妻子
利亚生子流便、西缅、利未和犹大

1.哈兰附近遇见拉结

雅各起行,到了东方人之地,看见田间有一口井,有三群羊卧在井旁,因为人饮羊群,都是用那井里的水,井口上的石头是大的。常有羊群在那里聚集,牧人把石头转离井口饮羊,随后又把石头放在井口的原处。雅各对牧人说:"弟兄们,你们是哪里来的?"他们说:"我们是哈兰来的。"他问他们说:"拿鹤的孙子拉班你们认识吗?"他们说:"我们认识。"雅各说:"他平安吗?"他们说:"平安。看哪,他女儿拉结领着羊来了。"雅各说:"日头还高,不是羊群聚集的时候,你们不如饮羊再去放一放。"他们说:"我们不能,必等羊群聚齐,人把石头转离井口才可饮羊。"雅各正和他们说话的时候,拉结领着她父亲的羊来了,因为那些羊是她牧放的。(29章1-9节)

经过长途跋涉,雅各到了东方人之地。这里"东方人之地"指地处美索不达米亚西北部的哈兰地方。目的地已近了，雅各环顾四周，寻找去母舅家的路，发现田间有大石掩口的水井，有三群羊卧在井旁。

水井，对当时的牧民而言至关重要。水井是牧民的生存之本，确保饮养群畜的水源，成为族群之间争战的主要起因。因此牧人们定了使用水井的规矩。

不可任意取水随时饮畜，须等附近的群羊聚齐了，再开井取水集中供饮，目的是节约用水避免浪费，尤其防止滥用水井引发的是非争端。雅各刚到井边，正逢牧人为饮群羊而聚的时辰。

雅各为了探知自己所处的方位，以礼相问那些牧人。他们说自己是从哈兰来的，雅各又问他们认不认识拿鹤的孙子拉班。拿鹤是亚伯拉罕的兄弟，是雅各的母亲利百加的祖父，拉班则是拿鹤的孙子，雅各的母舅。

幸好这些牧人认识拉班，他们还告诉雅各说拉班的女儿拉结正领着羊来。雅各觉得有望得见拉班，可以安心了，就劝牧人说"日头还高，不是羊群聚集的时候，你们不如饮羊再去放一放"。

这句话反映出了雅各的性格。这些牧人都是素未谋面的生人，雅各却以好似命令的语气敦劝他们，好像对待下人一样。论到其原由，其一是出于雅各守诚应分、尽职尽责的性格。

换了雅各，一定会爱惜时间，殷勤放羊，尽量使群羊多吃些草，而这些牧人却相反，天还早，本可以多放一会儿，而他们却早早来到井旁，悠闲懒散地等着其他牧人来，雅各觉得这样不妥。

在雅各眼里，他们是一群偷奸耍滑的人，不由以命令似的语气劝他们饮羊后再去放一放。

雅各带着这种语气说话的另一个原由，从根本上说是因着狡黠机诈的秉性。头脑精明的雅各，仅凭与当地牧人的几句对话，就大概摸清了拉班一家的情况。当他问及拉班时，牧人就说认识，而且还说拉班的女儿正领着羊来，说明拉班在当地必是有一定名望的人物。

想到拉班若非富足有势之人，牧人就不会对他这么熟悉，雅各立刻意识到：仗着拉班的外甥这一身份地位，可以在当地行使一定影响力。

雅各心中瞬间萌发了"我是拉班的外甥"这种强势意识，说话间自然透出命令性的口气。这是仗势压人的心态。抓住一切可以利用的条件，增强自己的力量和权势，源于他机诈的属性。

性情机诈的人精于处事之策，凡事权衡利弊，必会选择对自己有利的一面，总要仗势借力来压制他人。

然而牧人一口回绝雅各的规劝，说："我们不能，必等羊群聚齐，人把石头转离井口才可饮羊。"

2. 为娶拉结服待拉班七年

> 雅各看见母舅拉班的女儿拉结和母舅拉班的羊群，就上前把石头转离井口，饮他母舅拉班的羊群。雅各与拉结亲嘴，就放声而哭。雅各告诉拉结，自己是她父亲的外甥，

是利百加的儿子,拉结就跑去告诉她父亲。拉班听见外甥雅各的信息,就跑去迎接,抱着他,与他亲嘴,领他到自己的家。雅各将一切的情由告诉拉班。拉班对他说:"你实在是我的骨肉。"雅各就和他同住了一个月。拉班对雅各说:"你虽是我的骨肉(原文作"弟兄"),岂可白白地服侍我?请告诉我,你要什么为工价?"拉班有两个女儿:大的名叫利亚,小的名叫拉结。利亚的眼睛没有神气,拉结却生得美貌俊秀。雅各爱拉结,就说:"我愿为你小女儿拉结服侍你七年。"拉班说:"我把她给你胜似给别人,你与我同住吧!"雅各就为拉结服侍了七年。他因为深爱拉结,就看这七年如同几天。(29章10-20节)

雅各从牧人口中得知他们用井的规矩,就是"必等羊群聚齐才可饮羊"。但雅各看见母舅拉班的女儿拉结领着羊群来,就随即上前把井口的石头挪开,饮他母舅拉班的羊群。

随后与拉结亲嘴,放声而哭,且告诉拉结,自己是她父亲的外甥,是利百加的儿子。他并非见到拉结就报上他自己的身份,而是先去帮她的忙,得了她的好感,然后才说出来。

雅各放声而哭的原因,一是难抑感慨之情。想到经过一路艰辛苦难,终于找到母舅拉班的家,雅各心中充满了欣慰和委屈。雅各流泪的另一个原因,是要获得拉结的同情。雅各知道此时如何表演,能利于自己,能获得对方的理解和怜爱。

见到父亲的外甥雅各来了，拉结跑去相告父亲。拉班听见雅各的消息，就跑去迎接，领雅各到他自己的家。雅各向拉班细细陈说自己来到母舅家的始末情由，当然不会透漏自己同母亲合谋从父亲和哥哥骗取长子福分这件事。

拉班听罢对雅各说"你实在是我的骨肉"，并使雅各与他同住。过了一个月，拉班对雅各说："你虽是我的骨肉，岂可白白地服侍我？请告诉我，你要什么为工价？"说明其间雅各并没在母舅家闲居休养，而是殷勤帮母舅作工，体现出雅各勤勉尽责的天性。

起初到拉班家，雅各本打算在这里住一段时间后，便可返乡。若是一个自私懒惰的人，一定会虚以应付、敷衍且过，但雅各在这段时间一直倾心尽力帮母舅干活儿。

拉班舍不得让这勤勉诚实的雅各离开，想尽办法要把他留在自己身边。拉班和他的妹子，就是设计欺哄自己丈夫的利百加，具有类似的天性。拉班照着狡黠的本性，动用属世的计谋，企图榨取雅各的才智能力。

当然他问雅各"你要什么工价"这句话，在某种程度上是出于真心。但另一方面，也有利用两个女儿拴住雅各的意图。此时，雅各作出一个使自己陷入长期熬炼的决定性选择。

拉班有两个女儿。长女利亚"眼睛没有神气，拉结却生得美貌俊秀"。雅各深爱拉结。为了娶到拉结，雅各情愿服侍拉班七年。拉班欣然答应雅各提出的条件。

从此，雅各为了得到拉结，为拉班服侍整整七年。自从雅各服侍拉班，雅各的处境大有不同。以前是住在母舅家里，给母舅帮忙，而现在则处在有偿服役的雇工的境地。

生长在富足家庭里的雅各，甘居雇工的地位，便是他降卑己心，破除老我的熬炼之始。雅各因深爱拉结，甘心忍耐七年的光阴。当然这不能算是完全的属灵的爱，但充分体现出爱的力量之大。

此时的雅各也没有把自己当作拉班的外甥，倒更像是一个雇佣，对拉结的深深爱恋，使他能够忍受一切的艰辛。每当艰难时刻，他就想起拉结，"再苦再累也要忍耐到底，我总有一天能够娶到我心爱的拉结"，靠着爱的力量，雅各忍受这七年的磨炼如同几日。

雅各为了心爱的一个女人，恒心忍耐长年的熬炼，一爱到底，矢志不渝，目的未至，决不罢休，这就是雅各的天性。他还具有勤勉诚信，尽忠职守的美好品志。雅各虽有机诈的一面，却能蒙神拣选和重用，原因正基于此。

神不以外貌取人，乃察看人肺腑心肠，照各人的长处使用。不过，人有再多的长处，若不洁净就不合神用，于是神使人经受熬炼，除净一切有违真理的部分。

神照祂的旨意熬炼人，不会叫人一味地承受苦炼，而给予缓息的时间，也给予盼望。在漫长的试炼中，拉结是雅各赖以得胜的盼望、前进的动力。七年过去了，雅各终于要迎娶拉结了，此时的心情一定是非常激动！

3.拉班的骗局与雅各的两个妻子

> 雅各对拉班说:"日期已经满了,求你把我的妻子给我,我好与她同房。"拉班就摆设筵席,请齐了那地方的众人。到晚上,拉班将女儿利亚送来给雅各,雅各就与她同房。拉班又将婢女悉帕给女儿利亚作使女。到了早晨,雅各一看是利亚,就对拉班说:"你向我作的是什么事呢?我服侍你,不是为拉结吗?你为什么欺哄我呢?"拉班说:"大女儿还没有给人,先把小女儿给人,在我们这地方没有这规矩。你为这个满了七日,我就把那个也给你,你再为她服侍我七年。"雅各就如此行。满了利亚的七日,拉班便将女儿拉结给雅各为妻。拉班又将婢女辟拉给女儿拉结作使女。雅各也与拉结同房,并且爱拉结胜似爱利亚,于是又服侍了拉班七年。(29章21-30节)

为了娶拉结为妻,雅各默然忍受一切劳苦艰辛,殷勤服侍拉班。七年约期满了,雅各请求拉班把拉结给他为妻。拉班设摆婚宴,请齐了那地方的众人。

到了新婚之夜,谁知拉班送来给雅各的竟是利亚,而非拉结。按当时的婚姻风俗,新妇是要蒙头的,过了洞房夜,天亮了,新郎才能端详新妇的脸。雅各蒙在鼓里与利亚同寝,到了早晨才知道自己被母舅骗了。

雅各找拉班抗议：我为拉结服侍你七年，你怎能这样欺哄我！拉班强辩说"大女儿还没有给人，先把小女儿给人，在我们这地方没有这规矩"。照拉班所说，这件事若不是蓄谋，那么他七年前就应该说清楚。这显然是强词夺理，是借托当地的风俗所设的局。

拉班进一步利诱雅各说：你虽已娶了我的大女儿利亚为妻，但只要为拉结满了七日，我就把拉结也许配给你，你再为她服侍我七年。拉班的用意是尽量要把雅各留在自己身边长久一些。他知道雅各为拉结定会情愿再服侍他七年。

那么，拉班为何如此执拗地要留住雅各呢？是因雅各使他大大致富。雅各七年的服侍，给拉班带来了巨大的利益，使拉班成为大富户。

诚如创世记30章30节里雅各所说："我未来之先，你所有的很少，现今却发大众多，耶和华随我的脚步赐福与你。"自从雅各来了之后，拉班蒙神赐福甚丰。

对拉班的自私贪婪，雅各心知肚明，但为得到心爱的拉结，他情愿认从母舅提出的条件。满了利亚的七日，雅各终于娶了他恋慕多年的拉结为妻，又服侍了拉班七年。拉班的作法显然有失公允，但雅各为了达到自己的目的，宁可作出忍让，认从不合理的条件。

对雅各而言，这是一场熬炼。雅各顺着狡黠机诈的秉性，欺哄瞒骗父亲以撒和兄弟以扫，夺取了长子的祝福。而雅各当年怎样对待自己的父亲和兄长，当下也怎样承受母舅的欺骗讹诈。自以为聪明的雅各，这下反中拉班的诡计，可谓"种什么，收什么"。

当然服侍母舅七年，是雅各为了娶拉结而先提出来的。但拉班若是良善的人，会怎样处事呢？哪怕只是看在妹妹利百加的份上，也应该把拉结许配给雅各，直到返回家乡，好好照顾雅各。但拉班是一个诡诈贪婪的人，事事处处先以自己的利益为念。

然而与拉班的相遇，给雅各带来了生命更新的转机。雅各从拉班身上看到了自己狡黠的秉性，得以深省并懊悔，努力改造自己。为了拉结服侍母舅七年的过程中，雅各醒悟到这是自己曾经为得长子福分而欺哄父亲和兄弟以扫的报应。

受拉班的欺骗，服侍他十四年，终得利亚和拉结，似乎目的已达到，但这又是另一场熬炼的开始。拉班把两个女儿嫁给雅各时，分别把婢女悉帕和辟拉给女儿利亚和拉结作使女。后来雅各在这四个女人之间深受内心的煎熬，起因是拉结不能生育。

4. 利亚生子流便、西缅、利未和犹大

> 耶和华见利亚失宠（原文作"被恨"。下同），就使她生育，拉结却不生育。利亚怀孕生子，就给他起名叫流便（就是"有儿子"的意思），因而说："耶和华看见我的苦情，如今我的丈夫必爱我。"她又怀孕生子，就说："耶和华因为听见我失宠，所以又赐给我这个儿子。"于是给他起名叫西缅（就是"听见"的意思）。她又怀孕生子，起名叫利未（就是

> "联合"的意思），说："我给丈夫生了三个儿子，他必与我联合。"她又怀孕生子，说："这回我要赞美耶和华。"因此给他起名叫犹大（就是"赞美"的意思）。这才停了生育。（29章31-35节）

雅各服侍拉班十四年之久，是为了娶到拉结，自然爱拉结胜过爱利亚。拉结因受雅各的专宠，就轻视姐姐利亚。再者拉结根本不情愿与利亚分享丈夫雅各的爱，就连丈夫对利亚略施一点点关爱都不容。

利亚自然感到委屈。她作雅各的妻子完全与她的意志无关，是出于服从父亲拉班的安排。不管怎样，在身份上利亚是姐姐，又是先嫁给了雅各的，论次序，利亚在拉结之上。可是利亚虽然受妹妹藐视，却只有默默忍受的份儿，因为雅各的爱全然倾向于拉结。

神顾念此情，怜悯失宠的利亚，就使她生育。"利亚失宠"说明雅各对利亚没有感情。蒙神恩典的利亚相续生了流便、西缅、利未和犹大四个儿子。而拉结却不能生育。从而情势有所反转。

利亚心中长期压抑的情绪，开始逐渐表露出来。利亚想到拉结不能生育，自己连得四子，心中得意，认为雅各的宠爱已转到自己身上。利亚积存已久的嫉妒心开始爆发。之前她不是没有嫉妒心，只是因为处于劣势而憋藏在心里而已。

这就是人心之诡诈的真实写照。利亚一直受拉结的压制。不仅得不到当姐姐的待遇，更享不到正室夫人的地位。神怜悯利亚，就使他生育。假如利亚是个向善的人，此时会如何处事做人？

理当不念昔日之怨，感恩现今之福。且应因着昔日受屈之痛，设身处地体恤拉结当下不能生育之苦。

但利亚却忘了自己以前的处境，感觉自己占了优势，便开始歧视拉结。拉结和利亚二人彼此嫉妒，势不两立，以恶报恶。利亚若是心存善念，一定会向让她生育连得四子的神谢恩并心满意足。而利亚却因自己得势，就像拉结曾经所行的，要独占丈夫雅各。

利亚给头生的儿子起名叫流便，是"有儿子"的意思，因而说："耶和华看见我的苦情，如今我的丈夫必爱我。"可以看出其间利亚因丈夫专爱拉结而受的委屈和痛苦之大。意思是：从此我的丈夫必疼爱我，我必赢得丈夫的专宠。

这种情绪随着多添一子而愈发高涨。利亚又怀孕生子，就说："耶和华因为听见我失宠，所以又赐给我这个儿子。"取名叫西缅，意思是：神顾念她失宠于雅各，又赐她一个儿子，也就是神为她伸冤了。

她又怀孕生子，起名叫利未，说："我给丈夫生了三个儿子，他必与我联合。"表示胜券在握，恢复了被拉结抢占的正室地位。

生了第四子，说："这回我要赞美耶和华。"因此给他起名叫犹大。表示完全得胜。这样，利亚每生一个儿子，都释为向有利于自己的一面更进一步，不知感恩，反而越发心高气傲。

雅各因拉结的嫉妒所受的熬炼

拉结的使女辟拉生但和拿弗他利

利亚的使女悉帕生迦得和亚设

利亚生儿子以萨迦、西布伦及女儿底拿

从钟爱的拉结得子约瑟

雅各与母舅拉班商定工价

雅各的精明与"期望定律"

1.雅各因拉结的嫉妒所受的熬炼

> 拉结见自己不给雅各生子,就嫉妒她姐姐,对雅各说:"你给我孩子,不然我就死了。"雅各向拉结生气,说:"叫你不生育的是神,我岂能代替他作主呢?"(30章1、2节)

得丈夫专宠的拉结,一直活在高高在上的优越感中,但自从利亚生了四个儿子,她的地位就出现了危机。拉结生怕雅各的爱倾向于利亚,心中妒恨利亚,对雅各说:"你给我孩子,不然我就死了。"

雅各对拉结的爱并没有因她不能生子而有丝毫的改变。但拉结因着自卑搅动,感觉利亚在藐视她。不安和危机感,使她觉得丈夫对她的爱似乎也不如从前了。于是虽明知不能生子的原因不在丈夫身上,却无理取闹,向雅各泄怨。

雅各忍无可忍,向拉结生气说:"叫你不生育的是神,我岂能代替他作主呢?"雅各积压已久的内心苦闷,瞬间以生气的方式宣泄出来。

利亚怀孕生子，拉结看着心里焦急。为了能怀孕，她一定是用尽了一切方法，甚至试图独占丈夫，不容他与利亚亲近。尽管如此，利亚却是一连生了四个儿子，拉结伤心无奈。

雅各起初因着同情和怜悯，一直默默忍受拉结的抱怨和牢骚，但此时雅各心中堆积已久的烦恼瞬间爆发出来。雅各说：我不能代替神使你生育。话虽没错，但其中暗含着"责任在你，岂能怪我"之意。从字面上似乎表示：这事由神掌管，应该交给神，实则要推卸自己的责任，更想借以回避拉结对他精神上的折磨。

假如雅各专心仰赖神，寻求两相和好的良方，神必触动各人的心，作成和睦的工作；雅各若是甘心忍受苦痛，本着良善与仁爱宽容拉结和利亚，神必使万事都互相效力，使他们和睦同居。然而雅各还不够这样的器皿，不能宽容拉结和利亚，使得两个女人的嫉妒纷争便愈演愈烈。

属灵的爱，体现在设身处地为人着想求人益处。属肉的爱则专顾自己的立场，专求自己的好处，起初似乎爱得火热，时间一长会渐变冷淡，甚至反目成仇。彼此忍让，互相关照，必能和睦相处，而专顾自己，固执己见，就难免矛盾产生，纷争不断。

雅各与拉结和利亚之间的关系便是如此。雅各为了娶到拉结，付出了十四年的劳苦，可知他对拉结的爱恋是何等深挚！但忍耐到了极限时，雅各终于禁不住烦恼向拉结生气。当然拉结嫉妒姐姐利亚，又为难自己的丈夫是不对的，但雅各若是用柔和的心肠，善美的恩言，给拉结以慰藉会如何呢？

因不能生育而担心失宠的拉结，若是得到丈夫依旧疼爱她的确证，岂不有所收敛，家庭矛盾得以缓和吗？但雅各容不下拉结的无理取闹，就向她生气。雅各觉得自己责任已尽，再说成孕坐胎这事也不是人能左右的。

拉结的爱也是属肉的爱。拉结嫉妒利亚，向丈夫泄怨，在她身上找不到半点温柔与谦和，从她"你给我孩子，不然我就死了"这一言行中，反而能看出她的任性，甚至有些狠毒的性格。雅各和拉结若是彼此多一些理解对方的立场，就不至于闹到这种地步了。

2.拉结的使女辟拉生但和拿弗他利

> 拉结说："有我的使女辟拉在这里，你可以与她同房，使她生子在我膝下，我便因她也得孩子（"得孩子"原文作"被建立"）。"拉结就把她的使女辟拉给丈夫为妾，雅各便与她同房，辟拉就怀孕给雅各生了一个儿子。拉结说："神伸了我的冤，也听了我的声音，赐我一个儿子。"因此给他起名叫但（就是"伸冤"的意思）。拉结的使女辟拉又怀孕，给雅各生了第二个儿子。拉结说："我与我姐姐大大相争，并且得胜。"于是给他起名叫拿弗他利（就是"相争"的意思）。

（30章3-8节）

拉结处心积虑与利亚争胜，甚至不计后果，把使女辟拉给丈夫为妾，使她生子在她自己名下。

拉结从辟拉得了第一个儿子，就说："神伸了我的冤，也听了我的声音，赐我一个儿子。"给孩子起名叫但。辟拉生了第二胎，又给他起名叫拿弗他利，意思是"我与我姐姐大大相争，并且得胜"。

拉结通过使女得子，并不满足，反而加剧了对利亚的争竞。从中我们可以得到一个教训，就是随从肉体的意念，非但解决不了问题，相反变得更复杂。

雅各清楚知道祖父亚伯拉罕得子以撒的经历，是在祖母撒拉月经已绝，祖父亚伯拉罕年纪老迈，生育完全无望的时候，靠神的大能所得的。

那么，雅各也应当专心靠赖神的大能，婉拒拉结的意思。既然知道拉结是出于什么样的心态——宁可把使女给他为妾，也要得到儿子。更不应该顺着她的意思。

雅各熟知亚伯拉罕听了撒拉的话所导致的结果。当然当时亚伯拉罕顺着撒拉是为了和睦，因为深知自己即使反对，撒拉也会一意孤行。雅各可能也是迫于无奈，因为拗不过拉结的任性，但他与亚伯拉罕的胸襟器量是大相径庭的。

撒拉随从人意把使女夏甲给了亚伯拉罕为妾，不料这事给她带来了更大的痛苦，因为使女怀了孕，就开始藐视她的主人撒拉。尽管一切都是撒拉动用肉体的意念所导致的结果，而撒拉却把责任推卸给丈夫亚伯拉罕。

假如雅各处在此种境遇会如何？从他对待拉结的态度上看，也许会发出烈怒，说："这是你一意孤行所酿成的事，居然把账算到我头上？这事与我无关，你是自作自受。"

亚伯拉罕却不是这样，对撒拉说："使女在你手下，你可以随意待她。"既没有对撒拉生气，也没有责怪她。只是把撒拉的使女交给撒拉处置。这并非出于回避责任，或不怜惜夏甲，而是将一切全然向神交托仰望，要照神的指引解决问题。

不过，撒拉随从肉体的意念所作的决定，为将来埋下了烦恼和痛苦的隐患。生以撒后，撒拉因使女所生的以实玛利经常忧心愁烦。以致又一次受肉体意念的支配，把以实玛利和夏甲赶了出去。

这样，动用肉体的意念，不仅解决不了问题，反而招致更多的麻烦，陷入更大的困境。根据先例，雅各应当如何处置呢？

当拉结要顺着人意行事的时候，雅各应当极力规劝拒却。但雅各顺应了拉结的意思。甚至利亚要把使女给他为妾替她生子的时候，雅各也许了她。

雅各这样行也许是出于公平与和睦起见，并自以为善。而这恰恰是他体贴肉体所导致的恶性循环。虽然动机是善的，但这不过是属肉的善罢了。

正如经上所说"原来体贴肉体的，就是与神为仇"，人以为美善的事，若是出于肉体的意念，便与神的旨意背道而驰。体贴肉体，动用人意，起初看似亨通顺利，有益于人，往往结果恰恰相反。过后从雅各的遭际可以看到体贴肉体，动用人意是何等愚妄之举。

熬炼，就是破除肉体的意念，克服老我的过程。这一矛盾冲突表面上看是拉结和利亚之间的嫉妒争胜所引起的，但其实是神为了造就雅各而许可的一场熬炼。因为神知道雅各置身于怎样的环境中，才能察觉醒悟自己内心深层的欠缺，以至自洁成圣，合神重用。

3.利亚的使女悉帕生迦得和亚设

> 利亚见自己停了生育，就把使女悉帕给雅各为妾。利亚的使女悉帕给雅各生了一个儿子。利亚说："万幸！"于是给他起名叫迦得（就是"万幸"的意思）。利亚的使女悉帕又给雅各生了第二个儿子。利亚说："我有福啊，众女子都要称我是有福的。"于是给他起名叫亚设（就是"有福"的意思）。（30章9-13节）

利亚和拉结的嫉妒争胜，导致雅各一家的矛盾越发加剧。拉结通过辟拉从雅各得了两个儿子，庆幸自己胜了姐姐。利亚看着很不服气。

利亚见自己停了生育，就把使女悉帕给雅各为妾替她生子。雅各有了两妻两妾，家庭没了安宁之日。

利亚如愿从使女悉帕得了一个儿子，大大欢喜，起名叫迦得，就是"万幸"的意思。

悉帕又怀孕为雅各生子，利亚因自己多子而满足地说："我有福啊，众女子都要称我是有福的。"于是给孩子起名叫亚设，意思是"有福"。

4.利亚生儿子以萨迦、西布伦及女儿底拿

> 割麦子的时候,流便往田里去寻见风茄,拿来给他母亲利亚。拉结对利亚说:"请你把你儿子的风茄给我些。"利亚说:"你夺了我的丈夫还算小事吗?你又要夺我儿子的风茄吗?"拉结说:"为你儿子的风茄,今夜他可以与你同寝。"到了晚上,雅各从田里回来,利亚出来迎接他,说:"你要与我同寝,因为我实在用我儿子的风茄把你雇下了。"那一夜雅各就与她同寝。神应允了利亚,她就怀孕,给雅各生了第五个儿子。利亚说:"神给了我价值,因为我把使女给了我丈夫。"于是给他起名叫以萨迦(就是"价值"的意思)。利亚又怀孕,给雅各生了第六个儿子。利亚说:"神赐我厚赏,我丈夫必与我同住,因我给他生了六个儿子。"于是给他起名西布伦(就是"同住"的意思)。后来又生了一个女儿,给她起名叫底拿。(30章14-21节)

雅各有了四个妻妾,却依旧钟爱拉结。因而丈夫的房事也几乎由拉结来主张。

割麦子的时候,长子流便从田里寻见风茄,拿来给母亲利亚。风茄被认为是用来滋补身体,帮助受孕的一种药草。拉结得知流便寻见风茄给利亚,就求利亚把风茄给她些。利亚一口回绝说:"你

夺了我的丈夫还算小事吗？你又要夺我儿子的风茄吗？"

拉结无奈，以准许利亚与丈夫同寝的条件换取风茄。利亚和雅各同寝，神应允了利亚，她就怀孕，给雅各续生了两儿一女。

利亚生了第五子，给他起名叫以萨迦，就是"价值"的意思。她说："神给了我价值，因为我把使女给了我丈夫。"认为自己把使女给雅各为妾正合神的心意，神就赏赐了她一个儿子。

利亚生了第六个儿子，说："神赐我厚赏，我丈夫必与我同住，因我给他生了六个儿子。"于是给他起名西布伦，是"同住"的意思。流露出利亚要使丈夫的宠爱转向自己的渴望。雅各众子的名字所包含的意思，折射出两个女人倾轧、得意的非善心理，反映出她们为争宠拼尽全力的过程。每得一个儿子的时候，她们都断定是神替她们伸冤，并由此取名。而这些都是出自她们的私欲。

不仅无子的拉结有此心术，多子的利亚也照样嫉妒争竞，可见人的嫉妒不会因凌驾别人之上，或拥有更多而止息。拥有再多也不会满足；制胜一个人，又盯上一个比自己强的。

这样，以恶报恶，必至冤冤相报。以恶相较，即使偶然得逞，也必遭罪的报应。就算在世未显报应，来世也难逃公义的审判和刑罚。

5. 从钟爱的拉结得子约瑟

神顾念拉结，应允了她，使她能生育。拉结怀孕生子，说:"神除去了我的羞耻。"就给他起名叫约瑟(就是"增添"的意思),意思说:"愿耶和华再增添我一个儿子。"(30章22-24节)

直至利亚生六子一女,两个使女连生多子,拉结仍无一儿半女,但后来拉结也生了一个儿子。经上说"神顾念拉结,应允了她",但神并非因看中拉结的美行而允她得子,而是顾念雅各的缘故。

神拣选雅各承继以色列正统世系。深知雅各钟爱拉结并愿从她得着后嗣,便成全雅各,应允拉结怀孕生子。神记念雅各恋爱拉结而为她辛勤操劳十四年,就照他所行所种报应他。

拉结终于如愿得子,给孩子起名叫约瑟,表示"增添",意思说"愿耶和华再增添我一个儿子"。从取名的动机可以看出拉结并不感恩、知足,反而顺着私欲求赐更多,意在争宠。

当然,拉结抱有多子的愿望固然是好的,爱慕神的赐福,因信求告仰赖也是可嘉的。但拉结若是知恩感恩的人,就不会为久盼所得的儿子起这样的名字。

理应带着感恩的心,选择含有"感谢、荣耀、恩典、颂赞"等意义的字来起名。但拉结心中被多生儿子凌驾于利亚的欲念占满了。

这样,人心中有邪恶、贪婪,即使神成全其迫切的需求,也不懂感恩,反而滋生贪念。

拉结和利亚给众子起名，每次都往有利于自己的方面倾向。本应凡事向神谢恩，并体贴神的旨意，她们却顺着私欲，专顾自己用尽心思。

她们二人之间的矛盾冲突，根源于她们要得丈夫雅各专宠而生发的嫉妒心。主因是两个女人的恶欲，而雅各也为她们的嫉妒争宠提供了条件：明知拉结和利亚之间存在这一矛盾，雅各仍旧偏爱拉结。而且这给他的儿女们也造成了阴影。

雅各倾心于拉结也许情有可原，但不应该让孩子们看出父亲的偏心。雅各对约瑟的偏爱引发众子对约瑟的嫉妒。亚伯拉罕则不同，并没有因以撒是继承正统世系的，就倾心于以撒而轻忽其他儿女，而是公平相待。

可是雅各过于宠爱拉结所生的约瑟，为众子之间的不和埋下了祸根，最终引发了约瑟被兄弟们卖到埃及为奴的事件。

6. 雅各与母舅拉班商定工价

拉结生约瑟之后，雅各对拉班说："请打发我走，叫我回到我本乡本土去。请你把我服侍你所得的妻子和儿女给我，让我走。我怎样服侍你，你都知道。"拉班对他说："我若在你眼前蒙恩，请你仍与我同住，因为我已算定，耶和华赐福与我是为你的缘故。"又说："请你定你的工价，我就给你。"雅各对他说："我怎样服侍你，你的牲畜在我手里怎样，是你知道的。我未来之先，你所有的很少，现今却发大众多,耶和华随我的脚步赐福与你。如今我什么时候才为自己兴家立业呢?"拉班说:"我当给你什么呢?"雅各说:"什么你也不必给我,只有一件事你若应承,我便仍旧牧放你的羊群。今天我要走遍你的羊群,把绵羊中凡有点的、有斑的和黑色的,并山羊中凡有斑的、有点的,都挑出来。将来这一等的就算我的工价。以后你来查看我的工价,凡在我手里的山羊,不是有点有斑的,绵羊不是黑色的,那就算是我偷的。这样,便可证出我的公义来。"拉班说:"好啊,我情愿照着你的话行。"当日,拉班把有纹的、有斑的公山羊,有点的、有斑的、有杂白纹的母山羊,并黑色的绵羊,都挑出来,交在他儿子们的手下,又使自己和雅各相离三天的路程。雅各就牧养拉班其余的羊。(30章25-36节)

拉结生了约瑟后,雅各向母舅拉班提出他返乡的意愿。雅各想到自己白白服侍拉班这么多年,如今却两手空空,但又不能求拉班说:我为您辛苦多年,请给我应得的工价。他也知道,即使说了,拉班也不会轻易许他。

于是雅各诱使拉班先提工价的事。他说:"请你把我服侍你所得的妻子和儿女给我,让我走。我怎样服侍你,你都知道。"使母舅承认他所付出的辛劳。

拉班便承认自己蒙神赐福是为雅各的缘故。但这话并非出于真心实意,而是别有用心:知道雅各已铁了心要回乡,想方设法留住他,多用他时日。于是在某种程度上肯定雅各的功劳,并叫雅各自己定工价，好让雅各安下心来继续服侍他。

拉班曾屡次以欺骗的手段改了雅各的工价（创世记31章7节），此时又一次承诺要给雅各一定的工价，要求他再同住一些日子，并破例地叫雅各先定工价。因为拉班知道自己致富是因着雅各的缘故，诚如他亲口表白的。

对拉班来说，雅各是他们家的"福源"。雅各以勤勉与守忠服侍拉班，神就赐福于拉班的家。所以拉班不舍得让雅各回乡，想尽办法要把他留住。

雅各成功引出拉班对他的肯定，便在定工价上占了上风。换个普通人此时定会迫不及待地选择手边现成的财物作为工价。

不料，雅各提出了让人看似很愚笨的条件，就是什么都不要，只要现有的绵羊和山羊所生的凡有点的、有斑的和黑色的，将来都要归他算作工价。

绵羊一般都是白色的，很少有黑色的和有点有斑的，山羊毛色也通常非白即黑，有点的、有斑的几乎难寻。稍有畜牧经验的人也都知道这条件明摆着吃亏。

贪得无厌的拉班岂能放过这一良机。一开始可能感觉有些蹊跷，但无论怎么想，于己终是绝对有利，于是欣然允诺雅各提出的条件。

雅各十分清楚母舅拉班的为人，除非使用巧计，不然是很难从他获取相应酬劳的。而且实施必须十分隐秘，不能让拉班看出任何破绽。雅各提出明显对拉班绝对有利的条件，使他情愿照着雅各的话行。

那么，雅各为何提出看似不利于自己的条件呢？因为他有"所愿必成"的自信和"神必兑现"祂约言的确信。

神曾应许雅各说"我也与你同在，你无论往哪里去，我必保佑你，领你归回这地，总不离弃你，直到我成全了向你所应许的"（创世记28章15节）。雅各坚信神必照祂的应许，作他随时的保守，赐他丰盛的美福。

同时他也自信自己的聪明。多年的畜牧经验，使他悟出了"期望定律"，他相信遵循这一法则，必能获得自己想要的一切。

拉班哪怕心存一点良善，也不会这样处事。雅各所提出的条件显然对雅各不利，拉班本不该心安理得地接受，理当怜悯雅各，为他定下公平一点的方案。然而拉班专顾自己，全然不念雅各的得失。在拉班此后的行动中，可以看出他是何等自私贪婪之人。

拉班当日把白色的绵羊、山羊和黑色的山羊分别出来交给雅各。其余凡有斑纹的都交给自己儿子们的手下，又使自己和雅各相离三天的路程，以免两相混杂，出现有点的、有斑的。

拉班竟是如此吝啬之人！极力排除一切出现有点、有斑的因素，其自私和贪婪暴露无遗！

7. 雅各的精明与"期望定律"

> 雅各拿杨树、杏树、枫树的嫩枝,将皮剥成白纹,使枝子露出白的来,将剥了皮的枝子,对着羊群,插在饮羊的水沟里和水槽里,羊来喝的时候牝牡配合。羊对着枝子配合,就生下有纹的、有点的、有斑的来。雅各把羊羔分出来,使拉班的羊与这有纹和黑色的羊相对,把自己的羊另放一处,不叫他和拉班的羊混杂。到羊群肥壮配合的时候,雅各就把枝子插在水沟里,使羊对着枝子配合。只是到羊瘦弱配合的时候就不插枝子。这样,瘦弱的就归拉班,肥壮的就归雅各。于是雅各极其发大,得了许多的羊群、仆婢、骆驼和驴。
>
> (30章37-43节)

母舅拉班防备之密、应对之绝不可不谓彻底,而雅各有神的恩助。雅各的智慧加上神的帮助,很快就发大昌盛。雅各的智慧体现在他遵循"期望定律"或称"信望定律"。

杨树、杏树、枫树的枝呈暗色或深褐色,皮里头是亮白的。雅各将树皮剥成白纹,到羊群肥壮配合的时候,就把枝子插在水沟里,使羊对着枝子配合。结果生下的都是肥壮而有纹和黑色的。

"信望定律"效应的核心不只在感观层面,更在由衷的羡慕或敬仰。这一法则适用于多种领域。例如,小时候敬佩何种人物,会决定一个人的人生方向。

在信仰上,敬仰和效法什么人,会在很大程度上影响我们的信仰质量。孩子们的信仰又是受身边父母的影响最大。成人也不例外。

那么，我们当效法的最完全的榜样是谁呢？正是为我们信心创始成终的耶稣（希伯来书12章2节）。就是要效法主，成就圣洁的心灵和美好的德行。

雅各运用"期望定律"，收获甚丰，极其发大。但雅各的动机有些不纯，不是安分地求自己应得的工价。就是当肥壮的羊群来配合的时候，雅各就把枝子插在水沟里，使羊对着剥成白纹的枝子配合，使所生的都是有纹的、有点的、有斑的。

而且把羊羔分出来，使拉班的羊与这有纹和黑色的羊相对。意在使拉班的羊经常对着雅各有斑纹的羊相望。就是说，雅各不仅使群羊配合的时候对着有斑纹的枝子，而且平时也使拉班的羊对着有斑纹的羊，触目皆斑，好生产更多有斑纹的羊归己所有，是要最大限度地发挥"期望定律"的作用。

那么，雅各"把自己的羊另放一处，不叫他和拉班的羊混杂"，是何用意？要使肥壮的羊全归于自己，使瘦弱的归于拉班。是"期望定律"最大值的灵活运用。

如果雅各的作法，是出于试图挽回自己曾多次被拉班骗取之工价的动机，那么在某种程度上可看作是合乎情理的。但雅各不单纯是要挽回自己应得的工价，更是为要把拉班肥壮的羊全都归于自己而如此决绝。

雅各自以为倚靠神，却仍掺杂着人意的成分，于是神使他置于熬炼的环境中，得到更新和造就。

"倚靠神"的实意是对神专心的信靠和仰赖。雅各的"倚靠神"始终处在人意层面：曾经欺哄哥哥以扫夺取长子的名分；瞒着父亲以撒窃取对长子的祝福；当下为了工价与拉班斗智斗谋，皆体现出这一点。

"长子的福分是神指定赐予我的；对长子的祝福早晚都要归于我；付出了劳力，当得相应的工价……"雅各也许这样为自己辩护，但他不应该己意当先。既然相信长子的名分、祝福必照神的旨意归于自己，就当凡事向神交托仰赖，一切遵循神的引导。

专心靠赖神和动用人意的结果会截然不同。我们诚然向神祈求仰赖，神必负全部的责任。然而很多人口称顺从神的话，却以自己的筹算和计谋当先。

雅各懂得"期望定律"是因着上头所赐的悟性，但他没有完全照神的原则去运用。当然这里有他自己的理由：靠正当途径是很难从拉班那里获得应得的工价。可是亚伯拉罕当年所处的境地要比雅各更为窘迫，却照样专心靠神，蒙神赐福。

创世记20章记述亚伯拉罕经历妻子撒拉被基拉耳王亚比米勒取走的事件。然而神在梦中向亚比米勒显现，吩咐他把撒拉归还亚伯拉罕。亚比米勒不仅归还撒拉，又把牛羊、仆婢赐给亚伯拉罕。

面对现实的绝境，亚伯拉罕专心倚靠神，结果化险为夷，厚蒙神的赐福。这样看来，处在何种境地并不重要，重要的是能否专心靠神。在神没有难成的事，不论何时何境，只要专心靠神，神必给我们开一条出路，并赐下丰盛的恩福。

你要回你祖你父之地，到你亲族那里去
雅各陈明自己要离开拉班家的理由
拉结和利亚非善的回答
雅各携家眷偷着离开拉班
拉班的追赶和保守雅各的神
拉班搜寻神像未果，雅各怒责拉班
拉班和雅各立约，保证以后互不侵犯

1. 你要回你祖你父之地，到你亲族那里去

> 雅各听见拉班的儿子们有话说："雅各把我们父亲所有的都夺了去，并藉着我们父亲的，得了这一切的荣耀（"荣耀"或作"财"）。"雅各见拉班的气色向他不如从前了。耶和华对雅各说："你要回你祖你父之地，到你亲族那里去，我必与你同在。"（31章1-3节）

雅各寄居母舅家，又是从妻居的处境。而且处在雇佣的地位，处处要看人的眼色行事。随着自己的羊群增多，更要留心拉班的气色。不出所料，因着雅各的财物增多，拉班和他的众子渐渐露出他们的憎嫌心态。

有一天，雅各听到拉班的儿子们抱怨说"雅各把我们父亲所有的都夺了去，并藉着我们父亲的，得了这一切的荣耀"，又见到拉班对待他的态度也非同以往。

这就是属血气之人的普遍心态。属血气的人很难与别人同庆

同乐；别人发达兴旺，非但不为之庆幸，反而提防和戒备，恐怕损及自己既得利益。随着财富的增多，雅各和拉班之间也突显了这一矛盾——雅各戒备拉班，拉班警惕雅各。

各人专顾自己的利益，雅各和拉班之间的矛盾纷争是不可避免的。惟独除净心中的嫉妒，使"喜欢真理"这一灵爱的属性成形在里面，方能达到与众人和睦的境界。

属血气的人虽非故意，但出口就是不睦之言，导致离间之虞。雅各的所有增多，拉班的所有也会随之加增。拉班的儿子们若心有美善，论及雅各之时，不带恶意，就不至于使拉班对雅各产生敌意。

箴言17章9节说"遮掩人过的，寻求人爱；屡次挑错的，离间密友"。拉班的儿子们若多一些善心，应该会想到：这是神记念雅各服侍我们的辛劳所赐的福分。就是把雅各的致富看作神对他的酬报。

而他们却认为雅各夺去他们父亲的所有，而大大致富，又向拉班进谗言。拉班众子这恶意的谗言，导致拉班和雅各之间的矛盾进一步激化。

事已至此，雅各无法继续跟拉班同居。于是神指示雅各说："你要回你祖你父之地，到你亲族那里去，我必与你同在。"启示他回乡的时候到了。

2.雅各陈明自己要离开拉班家的理由

> 雅各就打发人，叫拉结和利亚到田野羊群那里来，对她们说："我看你们父亲的气色向我不如从前了，但我父亲的神向来与我同在。你们也知道，我尽了我的力量服侍你们的父亲。你们的父亲欺哄我，十次改了我的工价，然而神不容他害我。他若说：'有点的归你作工价'，羊群所生的都有点；他若说：'有纹的归你作工价'，羊群所生的都有纹。这样，神把你们父亲的牲畜夺来赐给我了。羊配合的时候，我梦中举目一看，见跳母羊的公羊都是有纹的、有点的、有花斑的。神的使者在那梦中呼叫我说：'雅各！'我说：'我在这里。'他说：'你举目观看，跳母羊的公羊都是有纹的、有点的、有花斑的，凡拉班向你所作的，我都看见了。我是伯特利的神，你在那里用油浇过柱子，向我许过愿。现今你起来离开这地，回你本地去吧！'"(31章4-13节)

这天，神的使者在梦中向雅各显现，重申二十年前在伯特利与雅各所立的约，并指示他离开此地，回自己的家乡去。雅各便照神的指示，作回乡的准备。

雅各先是叫了拉结和利亚来，说她们父亲拉班的气色向他不如从前，并提起拉班曾以欺骗的手段十次改了他的工价。这话其实没有必要讲，只说"照神的旨意，我们回乡的时候到了"便足矣，可是雅各一再强调自己尽力服侍拉班，却得到了不公平的待遇。

把所有的错都归结到拉班身上，刻意营造利己的解释，其至借托神的名辩护自己是无辜的，是神把拉班的牲畜夺来赐给他。雅各是用巧计，借助拉班的财产发家致富，却称一切都是神照祂旨意所安排的。

又把神给自己的异梦讲给妻子们听。这梦是他与拉班商定工价后，羊配合的时节所作的；梦见跳母羊的公羊都是有纹的、有点的、有花斑的。

神的使者呼叫他说："你举目观看，跳母羊的公羊都是有纹的、有点的、有花斑的，凡拉班向你所作的，我都看见了。"乍一听，雅各得到有斑纹的群畜好像全因神的作为。但这只是雅各琢磨出来的一计。尽管如此，神使雅各经历这样的异梦，并且容他照自己设计的方略致富。其实这也是出于神的公义：雅各多年的辛勤事奉，获得相称的报应。

神保佑雅各，常与他同在，照着应许赐福与雅各，但雅各使用的方法则非出乎神。雅各是照神所赐的悟性，领悟并运用"期望定律"来积累财富的。他却将一切都归结为神的带领和安排。

雅各若是真善之人，就不会为了证明自己的清白而揭露拉班的诡诈，更不会把出于自己的想法和计谋，借托是神的旨意或神的安排。

属肉体的人往往揭露他人的过失，以达到标榜自己的目的；试图利用他人的缺点或过犯，显示自己行为的正当性。

亦或为了推卸责任，扯出别人的错谬，如"我不会像某某人那样，作那种事"或"别人都作的事，为何偏偏责问我？"

还有一种是：为了达到某种目的，将自己的作法归为神的旨意。凡不利于自己的事都归咎于他人，有利于自己的事则说成是神的旨意，并且一意孤行。

雅各与拉班同居，经历长期的熬炼，但仍以自己的筹算和计谋当先。他的回乡是神的旨意，但他的处事方式却是出于己意，并不妥当。

雅各本应努力感化拉班以求和解，而他专念保住自己的财产，急于脱身这是非之地，极力回避与拉班及他众子之间的矛盾纠纷。

雅各若有他祖父亚伯拉罕"你向左，我就向右；你向右，我就向左"这等胸怀器量，就不会背着拉班偷走。一定先着力协调自己与拉班的关系，确保在和睦融融的氛围中辞别拉班。当然雅各要与拉班调和，可能需要舍让一部分财物与拉班。

按亚伯拉罕的信仰，碰到这种情况，宁可割舍自己的所有，也要选择与人和睦。而雅各没有具备这等心志，心里只有财产自保的念头。他的计划得到了妻子们的认同和支持，时机一到，便带着儿子、妻子和一切牲畜、财物，背着拉班奔逃。

3.拉结和利亚非善的回答

拉结和利亚回答雅各说："在我们父亲的家里还有我

们可得的份吗？还有我们的产业吗？我们不是被他当作外人吗？因为他卖了我们，吞了我们的价值。神从我们父亲所夺出来的一切财物，那就是我们和我们孩子们的。现今凡神所吩咐你的，你只管去行吧！"（31章14-16节）

拉结和利亚毫不犹豫地接纳雅各回乡的提议，其实这里面有她们自己的算盘。她们心中有对父亲积淀已久的不满情绪，主要是因为财产问题。

从她们"神从我们父亲所夺出来的一切财物，那就是我们和我们孩子们的"这句话中，能看出她们对财物的迷恋。说明她们毫不犹豫地接纳雅各的意思，不单纯是因耿耿于父亲拉班对她们的亏负。

话虽说"现今凡神所吩咐你的，你只管去行吧"，实则安的是守财保利之心。

她们在丈夫雅各和父亲拉班之间选择，得出跟定雅各将来对自己和儿女们更为有利，便不顾自己应维护的家族亲情，背弃父亲。

拉结和利亚若是在乎父女之情的话，对雅各的提议，会如何反应？定当极力寻求丈夫和父亲和解之法。然而她们却顺着利己之欲，选择与丈夫合谋。

见事情开局顺利，雅各觉得自己的行动完全合神的旨意，认为自己是照神的引导发家致富，完全是执行神所定的日期归回家乡的叮嘱。其实是体贴私欲，曲解真理，凡事都找有利于己的借口，为自己的行为开脱。雅各这是在自欺。这样，雅各对潜藏于内心深层的自私、贪婪和固执，仍旧执迷不悟，专顾己益，卖弄经验和聪明。于是神借种种环境熬炼他，终使他在雅博渡口彻底破除老我。

4. 雅各携家眷偷着离开拉班

> 雅各起来，使他的儿子和妻子都骑上骆驼，又带着他在巴旦亚兰所得的一切牲畜和财物，往迦南地他父亲以撒那里去了。当时拉班剪羊毛去了，拉结偷了他父亲家中的神像。雅各背着亚兰人拉班偷走了，并不告诉他，就带着所有的逃跑。他起身过大河，面向基列山行去。到第三日，有人告诉拉班："雅各逃跑了。"（31章17-22节）

雅各带着他在巴旦亚兰所得的一切牲畜和财物，向迦南地出发。时下正是剪羊毛的时节，雅各就趁着拉班出远门的当儿，举家逃奔。因为他知道，若是明着相辞，拉班是绝不会轻易放他走的。

当时雅各拥有许多的羊群、仆婢、骆驼和驴，规模庞大，举家迁离，绝非易事。让人一看就知道是蓄谋已久。

雅各选择拉班去剪羊毛的时候偷离，其心缜密可想而知。为了这一天，他很久以前就开始作精心筹划和酝酿：暗地里做好转移自己所有的准备，随时窥察拉班的动向，等候最佳时机。

拉结离开前,偷了她父亲家中的神像。这神像是当地流行的一种用来避邪祈福的偶像。拉班是亚伯拉罕的兄弟拿鹤的孙子,与雅各有着血亲关系。而圣经指着拉班称"亚兰人拉班",是因但拉班住在哈兰地,被外族人同化,不侍奉耶和华神,转而迷拜偶像。

拉结偷走神像,非因喜欢或是贪恋,纯粹出于叛逆心理,宣泄对父亲蓄积已久的不满。她知道这个神像是拉班的精神寄托,便偷走它,要报复她父亲。

这是典型的"一报还一报",显然是出于恶念。报复往往瞄准对方要害,选择其最珍惜最脆弱之处,给予最痛的一击。

雅各对拉结偷走神像一事全不知情,领着家眷和所有,赶往基列山。

5. 拉班的追赶和保守雅各的神

拉班带领他的众弟兄去追赶,追了七日,在基列山就追上了。夜间,神到亚兰人拉班那里,在梦中对他说:"你要小心!不可与雅各说好说歹。"拉班追上雅各。雅各在山上支搭帐棚;拉班和他的众弟兄也在基列山上支搭帐棚。拉班对雅各说:"你作的是什么事呢?你背着我偷走了,又把我的女儿们带了去,如同用刀剑掳去的一般。你为什么暗暗地逃跑,偷着走,并不告诉我,叫我可以欢乐、唱歌、击鼓、弹琴地送你回去?又不容我与外孙和女儿亲嘴,你所行的真是愚昧！我手中原有能力害你，只是你父亲的神昨夜对我说：'你要小心！不可与雅各说好说歹。'现在你虽然想你父家，不得不去，为什么又偷了我的神像呢？"雅各回答拉班说："恐怕你把你的女儿从我夺去，所以我逃跑。至于你的神像，你在谁那里搜出来，就不容谁存活，当着我们的众弟兄你认一认，在我这里有什么东西是你的，就拿去。"原来雅各不知道拉结偷了那些神像。(31章23-32节)

到了第三日，拉班才听到雅各逃走的消息，随即带领他的众弟兄去追赶。得知雅各背着他偷走后，拉班十分恼火。在拉班的立场上来看，雅各这是忘恩负义。当年你雅各走投无路的时候，我收留你，长年供吃供住，还许配两个女儿给你，你凭借我的产业发家，而今居然招呼都不打一声，背着我逃跑！太过分了。当然这仅仅是拉班的理由。

雅各也有他自己的辩解，如：我要是当面告辞，您岂能轻易放我走；蒙您收留，但我也服侍相报您那么多年，该付出的我已做到，这还不够吗？我并不亏欠您。这就是专顾自己之人的立场。

拉班也不念雅各服侍他多年的劳苦，只怨雅各忘恩负义，不责自己素来对雅各的刻薄和悭吝，而对雅各背着他偷走感到愤恨。

拉班若是性善之人，定会顾念雅各的立场，考虑其背着他偷走的原因，予以理解和宽容。拉班却恰恰相反。

良善的人即使面对别人匪夷所思的言行，也会站在对方的立场和处境，充分考虑到其信仰水准。善人不计人过，只念人好。就算对方转脸忘恩，也不会计较。

而在利欲熏心的拉班眼里，雅各的作为是不可容忍的。又加上发现自己的神像不见了，更是怒不可遏，立马带领他的弟兄们火速追赶雅各。

而在拉班临追及雅各时，神在梦里向他显现，对他说："你要小心！不可与雅各说好说歹。"拉班虽不是侍奉神的人，但他对神亦有所闻。

如创世记30章27节，拉班对雅各说："因为我已算定，耶和华赐福与我是为你的缘故。"31章29节也说"你父亲的神昨夜对我说"。

拉班了解神并且畏惧神的能力，因而虽对雅各背着他逃奔而恼怒，却不敢抗拒神，对雅各言辞掌握分寸，谨慎有加。

在基列山追上雅各的拉班，责备雅各"如同用刀剑掳去的一般"带着他的女儿们偷着离开，使他不能大摆盛筵送他回去，甚至连与外孙和女儿亲嘴送别的机会都没有。

显然，拉班是虚情假意，否则不会追雅各像追贼似的；神也不会提前在梦中向他警告不可向雅各"说好说歹"。拉班速追雅各，分明动了杀机，于是神借着异梦阻止拉班，保守雅各。

拉班用堂而皇之的谎言掩饰自己追赶雅各的用心，紧接着表示自己原有能力害雅各，却不出手，乃因神托梦吩咐他不可向雅各说好说歹。也就是说：我现在有能力害你，但看在神拦阻我的份上，可以网开一面。

拉班因畏惧神的缘故，容雅各回乡，仍然心有不甘，便拿被偷的神像作文章。意思是：回乡的事既不能阻拦，也就罢了，但偷走我神像，则必究不可。

于是，雅各向拉班辩解自己背着他逃跑的缘由：首先是怕拉班把女儿拉结和利亚夺去。这话实在是牵强。雅各背着拉班逃跑，实乃为了保全自己的财产，而不是因顾虑拉班不容女儿们随他回乡。

背着拉班偷逃，明明是有违人伦道义，而雅各却试图用谎言来为自己找借口。雅各不知道拉结偷了拉班的神像，就允许拉班遍处搜查他的神像或他的什么东西。甚至向他发誓"至于你的神像，你在谁那里搜出来，就不容谁存活"。

6. 拉班搜神像未果，雅各怒责拉班

拉班进了雅各、利亚并两个使女的帐棚，都没有搜出来，就从利亚的帐棚出来，进了拉结的帐棚。拉结已经把神像藏在骆驼的驮篓里，便坐在上头。拉班摸遍了那帐棚，并没有摸着。拉结对她父亲说："现在我身上不便，不能在你面前起来，求我主不要生气。"这样，拉班搜寻神像，竟没有搜出来。雅各就发怒斥责拉班说："我有什么过犯，有什么罪恶，你竟这样火速地追我！你摸遍了我一切的家具，你搜出什么来呢？可以放在你我弟兄面前，叫他们在你我中间辨别辨别。我在你家这二十年，你的母绵羊、母山羊没有掉过

胎。你群中的公羊，我没有吃过；被野兽撕裂的，我没有带来给你，是我自己赔上。无论是白日，是黑夜，被偷去的，你都向我索要。我白日受尽干热，黑夜受尽寒霜，不得合眼睡着，我常是这样。我这二十年在你家里，为你的两个女儿服侍你十四年，为你的羊群服侍你六年，你又十次改了我的工价。若不是我父亲以撒所敬畏的神，就是亚伯拉罕的神与我同在，你如今必定打发我空手而去。神看见我的苦情和我的劳碌，就在昨夜责备你。"（31章33-42节）

拉班搜遍了雅各和利亚并两个使女的帐棚，仍没找到那个神像。接着到了拉结的帐棚。

情况到了非常危急的时刻，拉结更是紧张，她情急之下，把神像藏在骆驼的驮篓里，然后坐在其上。她对摸遍帐篷的拉班说："现在我身上不便，不能在你面前起来，求我主不要生气。"

拉班最终还是没有搜出自己的神像。拉结可能以为是靠她的机智摆脱了危机，然而拉结顺利脱险，实因神的保守。

论诡诈，拉班绝不在拉结之下。按理说，拉班当时完全可以从拉结的举动看出破绽，搜查到底，必能找出那个神像。然而，神记念雅各，给拉结开了一条出路。但不要误把这当成是神与人同谋不义之事。

拉结能够躲过此劫，是因着神的公义。单凭拉结所行必不能隐瞒，乃因雅各，神保守了他们全家。明知拉结偷了神像，雅各若是佯装未见,情况就不同了。正因雅各对此事的确毫不知情,得神施恩保守。

假如拉结偷神像的事被查出,拉班不会单单罪责拉结,而必把矛头指向雅各。神为了不让雅各无辜受害,便遮掩了此事。拉班搜遍了帐棚而没找到神像,情势瞬间反转。冤枉了无辜的人,拉班陷入难堪的境地,雅各倒是得到了绝地反击的转机。

雅各本因背着拉班逃跑这一事件处于被动地位,而此时摆脱了偷神像的嫌疑。雅各便趁势怒斥拉班——"我有什么过犯,有什么罪恶,你竟这样火速地追我!"拉班曾说自己匆忙赶来是为了与女儿和孙子们作别,别无用心,雅各岂能不知拉班的居心!雅各的斥问正中拉班的要害。

很多人在情势对己不利时,低声下气,小心应对,而一旦情势反转,占了上风,就得理不饶人,蛮缠到底,非要争个是非,以泄怨懑。这类人在有利用价值的人面前表现殷勤,对己无利的人则待之随意,甚至蔑视厌嫌。对待上级,他们的服侍并非出于诚心,只是迫于次序和权势,勉强服从罢了。这在雅各身上充分显现。

被拉班追上时,雅各显得卑诺露怯,因觉行为欠妥,情势对己不利,急于避困脱险。而见情势扭转,则立刻胆壮气盛,发怒斥责拉班。压抑多年的委屈和怨愤借此宣泄出来,陈说自己如何殷勤守诚照看拉班的群羊,使得拉班受益何多,并质问拉班:我为利亚和拉结服侍你十四年,又为你的羊群服侍六年,而你竟十次改了我的工价。

甚至借托神的名，为自己辩白：神顾念我二十多年的苦情和辛勤劳碌，使我不至于空手而归，在昨夜梦中责备拉班以保全我。

从这个事件可以看出，雅各对拉班向他以往的不公待遇噤声不争，并非出于仁善。所以此刻毫无顾及，见事态不利拉班，就趁机宣泄积愤。拉班屡次用诡计欺骗，对雅各多有得罪，但雅各在神面前称善还多有不足。

7. 拉班和雅各立约，保证以后互不侵犯

拉班回答雅各说："这女儿是我的女儿，这些孩子是我的孩子，这些羊群也是我的羊群，凡在你眼前的都是我的。我的女儿并她们所生的孩子，我今日能向他们作什么呢？来吧！你我二人可以立约，作你我中间的证据。"雅各就拿一块石头立作柱子，又对众弟兄说："你们堆聚石头。"他们就拿石头来堆成一堆，大家便在旁边吃喝。拉班称那石堆为伊迦尔撒哈杜他，雅各却称那石堆为迦累得（都是"以石堆为证"的意思）。拉班说："今日这石堆作你我中间的证据。"因此这地方名叫迦累得，又叫米斯巴，意思说："我们彼此离别以后，愿耶和华在你我中间鉴察。你若苦待我的女儿，又在我的女儿以外另娶妻，虽没有人知道，却有神在你我中间作见证。"拉班又说："你看我在你我中间所立的这石堆和柱子。这石堆作证据，这柱子也作证据。我必不过这石堆去害你，你也不可过这石堆和柱子来害我。但愿亚伯拉罕的神和

拿鹤的神,就是他们父亲的神,在你我中间判断。"雅各就指着他父亲以撒所敬畏的神起誓,又在山上献祭,请众弟兄来吃饭。他们吃了饭,便在山上住宿。拉班清早起来,与他外孙和女儿亲嘴,给他们祝福,回往自己的地方去了。(31章43-55节)

对雅各的抗辩,拉班并不买账。因为拉班也自有他自己的理。拉班反驳雅各说:凡在你眼前的无一不是我的,包括你的妻子、孩子们乃至一切牲畜。也就是说,你走投无路的时候我收留你,两个女儿许配给你,让你成家立业,现在人丁兴旺,富足发达,你不该感谢我吗?

就这样,拉班和雅各互不相让,各持一理,反目相驳。然而拉班又不得不容雅各携家眷和所有返乡,因为他不敢违背神在梦中的指示。

拉班听从神,并非出于敬畏神的心,因而心里仍旧不悦。拉班至终不肯放弃主控权,对雅各说:"来吧!你我二人可以立约,作你我中间的证据。"

雅各同意拉班的提议,立石柱作立约的证据。又叫众弟兄堆聚石头。拉班称那石堆为伊迦尔撒哈杜他,是亚兰语,翻出来就是"以石堆为证"。雅各却称那石堆为"迦累得",是照希伯来语音,意思相同。

雅各和拉班立约的地方除了叫"伊迦尔撒哈杜他"和"迦累

得"以外，又叫"米斯巴"，意思是"我们彼此离别以后，愿耶和华在你我中间鉴察"。

拉班叫雅各指着神起誓将来不苦待他的女儿，不在他的女儿以外另娶；而且两人互不越过所划定的境界，不可彼此相害。从这一系列态度可以看出，拉班过去是怎样待雅各的。

对拉班而言，雅各既是他的外甥，又是他的女婿、他两个女儿的丈夫、外孙们的父亲。拉班与雅各划清界限，誓言互不相犯，等于宣告两家分道扬镳。这种断绝亲情的态度显得如此决绝，形同陌路，拉班的贪婪无情尽显无遗。

拉班是冷漠无情，但急忙认同拉班提议的雅各，在神的眼里也并不为善。当然雅各离开拉班而独立，是照神的指示。但与拉班划清界限，断绝关系，绝非神的意思。

假如雅各和拉班彼此为善，会有怎样的结果呢？一定是在和气中分家，且彼此联络，互助互利，在神的祝福中发展壮大，形成强大的势力，威震周围族群。

而两人彼此划清了界限，誓不往来。雅各之所以痛快答应拉班的要求，一是无心与拉班和好，二是考虑到与拉班绝交对己并无损害。两人皆居心不仁，但在神看来，他们在心志上有着很大的差异，从立约的情形中可以看出。

拉班说："但愿亚伯拉罕的神和拿鹤的神，就是他们父亲的神，在你我中间判断。"在他心目中，神既是亚伯拉罕的神也是拿鹤的神，就是他们祖宗的神。虽经祖辈口耳相传认识神，但模糊不清，没有把神当作自己生命的主宰来敬畏、来侍奉。

雅各则指着他父亲以撒所敬畏的神起誓。对雅各来说，神是他祖父亚伯拉罕的神和父亲以撒的神，同时也是他自己的神，就是垂听以撒的祈求，在他生命中作随时的保守和引导，并使他一生一世福杯满溢的神。

雅各的信仰非只局限在知识层面上，他是从心里相信并敬畏那永活的真神。雅各又在山上献祭，请众弟兄来吃饭。他相信人与人之间的约定不可靠，而人与神所立的约是有保障的。于是向神献祭，以获神的认定。

这样，雅各因受亚伯拉罕和以撒的信仰熏陶，拥有的是真实的信仰。离开家乡二十余年，雅各的信志丝毫没有改变。正因为有这等笃信的内心品质，雅各蒙神拣选，被立为以色列人的先祖。

次日清早，拉班与他外孙和女儿亲嘴道别，又给他们祝福，回往自己的地方去了。雅各也启程赶往他日思夜念的父家。然而他将面对的并非阖家团圆的温馨和喜庆，却是危及生命的沉重试炼。这将成为历经二十年的熬炼，仍有"自我"意念尚存的雅各，彻底破除己意，得以全新改变的一个决定性关头。

灵眼开启得见神的使者

雅各向以扫求和

进退两难之际向神恳求

依旧照己方式行事

在雅博渡口大腿窝被扭

你的名不要再叫雅各，要叫以色列

1. 灵眼开启得见神的使者

> 雅各仍旧行路，神的使者遇见他。雅各看见他们就说："这是神的军兵。"于是给那地方起名叫玛哈念（就是"二军兵"的意思）。（32章1、2节）

前往迦南地的途中，神显灵界的现象给雅各看。雅各路上见到神的使者，称之为"神的军兵"。他们是天使长即军长米迦勒麾下的天使。

那么，神给雅各开启灵眼看见天使的旨意是什么？是要向雅各显明，神差遣天使时刻保守和看顾雅各。雅各彻底破除自我的重要试炼已临近，神要给雅各以安慰和力量。

然而，雅各却不明白神差遣军兵来的深意，只是对看见"神的军兵"感觉稀奇，给那地方起名叫"玛哈念"，意为"二军兵"。

神的军兵向雅各显现，究竟意味着什么？表明神的旨意成就的过程，离不开灵界的争战。

雅各即将面临的危机,从当时现实的眼光看,是雅各和以扫兄弟俩之间持久的矛盾冲突,但从属灵的角度看,却是帮助雅各的天兵与敌神的邪灵之争战。神差遣神的军兵,正是为了帮助雅各在属灵的争战中得胜。

雅各若是保持灵里的警醒,必感悟到神差遣军兵的深意,去见以扫的时候,也不至于忧惧和惊慌,必以"神与我同在"的信念,坦然应对眼前的危机。但雅各对神的深意无所感悟,仅仅止于直观的印象。

而雅各的祖父亚伯拉罕是时刻灵里警醒的人,神无论向他行什么事,都能即刻感悟神深层的心意,做出合宜的回应。例如,得见麦基洗德或偕同使者降世的神时,不仅立刻辨认出来,而且顺着所赐的感动,体贴神的心意而行他当行的事。这种差异的出现与一个人模成神心的程度和随之而生灵性感悟的深度密切相关。

看到同一属灵现象,各人对神在其中之深意的感悟和感恩不尽相同。即使是尚未完全模成和悟透神心意的人,只要有灵里的警醒和圣灵的充满,就可以随时获得属灵的悟性。而且按照灵里警醒并圣灵充满的程度,属灵悟性会相应加深。

雅各虽灵眼开启得见神的军兵,却未能从中发现神要向他显明的旨意。所以在之后的遭遇中,雅各依然心存不安与恐惧,试图靠自己的聪明与能力去应对。而经过熬炼,雅各最终得以彻底破除"自我",获得更新和变化。

2.雅各向以扫求和

> 雅各打发人先往西珥地去,就是以东地,见他哥哥以扫,吩咐他们说:"你们对我主以扫说:'你的仆人雅各这样:我在拉班那里寄居,直到如今。我有牛、驴、羊群、仆婢,现在打发人来报告我主,为要在你眼前蒙恩。'所打发的人回到雅各那里,说:'我们到了你哥哥以扫那里,他带着四百人,正迎着你来。'"(32章3-6节)

雅各想到以扫对他积怨这么多年,害怕与其相见。苦思之后,决定先打发人去见以扫,转告他的话说:你的仆人雅各至今寄居拉班家里,现带着许多财产而归,愿蒙我主宽恕之恩。

可以看出,雅各此时待哥哥的态度与以前大有不同,二十多年前,雅各轻看以扫,利用哥哥的弱点,设计夺了他长子的名分。而雅各从未觉得自己亏欠哥哥,也从未对哥哥的怨怒,进行自我反省,引咎自责。从自己的立场考虑,雅各自有他的理由:我赚得长子福分是两相情愿的,窃得父亲的祝福也是随母亲的安排而为,责任不在我,再说,长子的名分既已归我,领受长子的祝福岂非理所应当?

若回到从前的样子,雅各可能会摆出一副"衣锦还乡"的架势,逞能炫耀,必会再次借巧计和套路躲过以扫的怨怒。然而有了这二十年的熬炼,雅各的性情明显改变了。

回首过往，雅各开始同情和理解哥哥的怒恨，希望能够弥补自己对哥哥的亏欠，以慰其心。虽没有十足的把握，但他还是尽量降卑己心，琢磨两相和解之良方。当然，这一作法仍是出于肉体的意念，并非专心靠赖神，但其寻求和解的努力，倒能体现出他不同于以往的风貌。

　　雅各差人传信时，尊以扫为"主"，降卑自称"仆人雅各"。"我在拉班那里寄居，直到如今"，暗示自己寄人篱下，长年辛苦劬劳，忍辱受屈，惯处卑微。

　　雅各希望哥哥想到自己的骨肉兄弟在母舅那里长年受苦忍屈，能够萌生恻隐之心，怒气转消。又暗示自己有很多财物可献与哥哥分享，以求哥哥宽恕他以前的过犯。

　　熬炼旨在造就人。从不尊重兄长，总想占哥哥便宜的雅各，到此时能够降卑己心，称以扫为"我主"，这是何等大的反差！我们看到雅各不再耍弄手段，而选择和善的方式以消哥哥的怒恨。

　　然而此时的雅各破碎自我还不够彻底，他虽自表卑谦，尊以扫为"主"，但并非纯粹是出于愧疚和悔过之心，其中既含有愧疚之意，更含有摆脱危机的打算。

　　所以雅各实非彻底懊悔己过，也未完全降卑己心。雅各待以扫以谦卑的姿态，其实更多是出于困境求生的动因。雅各若是能以纯善之心服侍哥哥，神必成全他速速摆脱困境。而此时的他尚未达到这个水准，神就继续守望雅各，直至他彻底破除老我。

雅各用谦辞卑礼，试图感化兄长以扫的心，却没有奏效。奉差去向以扫求和的人们回来报信说，以扫带着四百人，正迎着雅各来。前景堪忧，所望渺茫。

3.进退两难之际向神恳求

> 雅各就甚惧怕，而且愁烦，便把那与他同在的人口和羊群、牛群、骆驼分作两队，说："以扫若来击杀这一队，剩下的那一队还可以逃避。"雅各说："耶和华我祖亚伯拉罕的神，我父亲以撒的神啊，你曾对我说：'回你本地本族去，我要厚待你。'你向仆人所施的一切慈爱和诚实，我一点也不配得。我先前只拿着我的杖过这约旦河，如今我却成了两队了。求你救我脱离我哥哥以扫的手。因为我怕他来杀我，连妻子带儿女一同杀了。你曾说：'我必定厚待你，使你的后裔如同海边的沙，多得不可胜数。'"（32章7-12节）

时隔二十年，踏上归途，雅各将要面临的不是家族亲人的喜悦相迎，而是哥哥以扫领着四百人赶来的危难险情。雅各心里恐慌，看来此劫难逃，别说是积蓄多年的财富，就连身家性命也可能难保。他意识到人能力的有限，除了靠神别无选择。

当然，雅各并非完全没有出路，虽因与拉班的合约不能返回，但他可以选择其它地方躲避。但雅各面对哥哥的威胁，回乡的意志仍没有一丝动摇，因为他视神对他"回你本地本族去"的命令重于一切。

　　这正是雅各蒙神拣选并得神重用的重要因素。雅各虽以自己的想法和智谋当先，但仍坚持不与神在他身上的旨意脱节。他动用属世的方法，是因"自我"尚存，而非蓄意违背神的意旨。

　　当听到哥哥以扫带四百人赶来，雅各心里因惧怕而愁闷，恐慌。他赶紧把仆婢、家眷并羊群、牛群、骆驼分作两队，以备以扫来击杀这一队，剩下的那一队还可以逃避，尽量将损失降到最低。以求保住自己的一半家产，还能保住自己的性命。

　　雅各未能从起初就将一切向神交托仰望。在危机关头，仍旧靠自己的聪明，采取一系列措施之后，才向神祈求。

　　"求你救我脱离我哥哥以扫的手，……你曾说：'我必定厚待你，使你的后裔如同海边的沙，多得不可胜数。'"

　　他动用自己的计谋，先为可能发生的险情作好应对准备，然后向神求告。然而这是最坏的打算。雅各心里仍有恐惧，不得不寻求神的帮助。一个信神的人有恐惧，是以我为先，未能专心信靠神的明证。

　　又论雅各的祷告，虽带着神的约言求告，但仍是以自我为中心。意思是：求神兑现从前对我赐福的承诺，救我安然脱离以扫的威胁。当然，相信神的应许，照神的约言祈求是应该的，但"求神照以前所应许的福分，救我脱离当前的险情"这样的祷告是不妥的。

　　那么，雅各当怎样祷告神呢？应该是这样：神啊，我信你所赐予我的应许必定成就。求你指示我明白有何不足之处，又当怎样行事如何为人，好叫我配得你的保障，使你的约言成就在我身上。即在祈求约言成就以先，首当更新自己，作预备器皿的努力。

4.依旧照己方式行事

> 当夜，雅各在那里住宿，就从他所有的物中拿礼物要送给他哥哥以扫：母山羊二百只，公山羊二十只，母绵羊二百只，公绵羊二十只，奶崽子的骆驼三十只，各带着崽子；母牛四十只，公牛十只，母驴二十匹，驴驹十匹。每样各分一群，交在仆人手下，就对仆人说："你们要在我前头过去，使群群相离，有空闲的地方。"又吩咐尽先走的说："我哥哥以扫遇见你的时候，问你说：'你是哪家的人？要往哪里去？你前头这些是谁的？'你就说：'是你仆人雅各的，是送给我主以扫的礼物，他自己也在我们后边。'"又吩咐第二、第三和一切赶群畜的人说："你们遇见以扫的时候，也要这样对他说。并且你们要说：'你仆人雅各在我们后边。'"因雅各心里说：'我藉着在我前头去的礼物解他的恨，然后再见他的面，或者他容纳我。'"（32章13-20节）

雅各打定自己的主意求告神之后，继续琢磨有效的应对之策。差人向以扫求和之计未果，这下又差人将牲畜分群作为礼物带给哥哥以扫，再度表示谦卑之诚。通晓人性的雅各，知道丰足的礼物必能消解以扫的恨。

这里又体现出雅各的本质。在危及生命的关头，仍计算得失利弊。他所预备的五百余只牲畜绝非小数，但跟他的财产规模相比，也就算不上太多。

要是丧命以扫手中，再多的财产又有何用！然而在这种危机关头，雅各仍旧计算送多少礼物方能化解哥哥的恨。表明他还没达到完全舍我的谦和之境。

雅各将赠送哥哥的群畜分批交给仆人，指示他们说："你们要在我前头过去，使群群相离，有空闲的地方。"因为他想：要解哥哥的恨，须把群畜分几个群，各群相隔一定的距离前去，要比整群一次相送来得更为有效。

又吩咐仆人说：当以扫问你们的来路和用意，你们就说这是你仆人雅各的，是送给我主以扫的礼物，他自己也在我们后边。并叮嘱后面赶群畜的仆人都说一样的话。

这里也可以看出雅各的精明。他考虑到这件事很难一次奏效，就设置了第二轮，第三轮连环措施。雅各貌似向神祈求仰赖，而实际上还是靠自己的计谋行事。

当然，给以扫送礼以求和睦，的确是一种智慧的方法。但问题是所持什么样的心态。时下雅各若是诚然悔过，成为舍己为人的谦和心灵，必得神的称许，问题会迎刃而解。而雅各尚未达到那种谦和之境界。

亚伯拉罕也曾因一时动用人意，吃过苦头，以至彻底破除尚存的肉体意念。当时亚伯拉罕为躲避饥荒，带着妻子下到埃及。生怕埃及人看见他妻子的美貌，心生贪念，杀他夺妻，便称妻子为妹子。这反而导致妻子被夺走的结果，最终经神的作工化险为夷。亚伯拉罕如果当初实言相告，必蒙神的保守，不至险些失妻。

通过此事，亚伯拉罕彻底醒悟人的想法和计谋失当，从此凡事努力专心信靠仰赖神。雅各所受的熬炼与之相似，旨在彻底破除自我。最终在雅博渡口，雅各面临决定性关头。

5.在雅博渡口大腿窝被扭

> 于是礼物先过去了。那夜，雅各在队中住宿。他夜间起来，带着两个妻子、两个使女，并十一个儿子都过了雅博渡口，先打发他们过河，又打发所有的都过去，只剩下雅各一人。有一个人来和他摔跤，直到黎明。那人见自己胜不过他，就将他的大腿窝摸了一把，雅各的大腿窝正在摔跤的时候就扭了。那人说："天黎明了，容我去吧！"雅各说："你不给我祝福，我就不容你去。"那人说："你名叫什么？"他说："我名叫雅各。"（32章21-27节）

为了消解哥哥的怨恨，差人为哥哥送去厚礼的雅各，总觉得心里并不踏实。他整夜烦恼忧虑，认清自己在这件事上实在无能为力。面对这场危机，雅各终于决定放弃自己的聪明和计谋，选择专心倚靠他的神。

雅各夜间起来，带着两个妻子利亚和拉结、两个使女悉帕和辟拉，并十一个儿子到了雅博渡口，先打发所有的家眷和财物过河，只剩下自己一人在雅博渡口。雅各没等仆人回来报信再做应对，为何突然如此？

这是受神所感而行的。为了完全破除经过长久岁月打造的老我，雅各需要一个预备的过程，就是虚己降卑，刻苦己心，深省细剖。雅各打发妻子和儿女们过河，乃表示自己放下一切专心靠神的决心。

这之前雅各仍旧依靠自己的聪明，如计算送礼多少能解哥哥的心头恨，找个两厢合适的台阶下等，而当他意识到任何措施都无济于事，自己的聪明和谋略归为枉然时，才肯把自己的家人、财产，甚至自己的性命都向神交托，并专心仰望神的指引。

就这样，当人失去一切的依靠，落入孤立无助的绝望境地时，向往神的心分外迫切，专心倚靠全知全能的神。凡放下自己，恳切寻求神的人，神不撇下沦为孤儿，而向其显现，成全一切所求的。惟独倒空自己的人，才能被神的恩福所充满。

但不能止于"放下自己"，更重要的是"与神摔跤而得胜"。面对绝境，雅各一人孤处雅博渡口。有一个人来和雅各摔跤，直到黎明。那么，与雅各摔跤的这人究竟是谁？是神差来的天使。具体地说就是天使长米迦勒。

天使长米迦勒是率领天兵的军长，大有威严、权柄和能力。这样的天使长居然因胜不过雅各，就把他的大腿窝给扭了，让人听着有些费解。但这并非表示天使真的无力胜过雅各,而是在强调雅各以怎样迫切的心情向神仰赖。

雅各认出和他摔跤的不是寻常人,是神所差来成全他心愿的使者。除了神以外,雅各别无倚靠,岂肯放弃这一良机。

此时此刻,雅各本有的矢志不渝、坚强不屈的性格优点集中体现出来。他彻夜与天使长米迦勒较力争胜,向神显明他决不放弃,一拼到底的决然心志。

因而圣经说"那人胜不过雅各",表示雅各以恒定的心志,恳切的心情向神祈求仰赖,满足了蒙神应允的条件,亦即充足了神公义的要求。

此时雅各为了获得显应,安然脱险,必须拼尽生命仰赖神。神差遣天使长米迦勒时,按公义的法则设定了应允的标准,即为了蒙神应允,须有同等程度的信心表现。雅各通过了这一标准。

有的人倚靠神,自设应允的标准,如"做到这个程度,应该有效验吧",如果预期的时间内所求没有效验,就很容易灰心气馁,甚至半途而废。应允的标准是神定的,所以祷告要持之以恒,矢志不渝,直到满足神所定的标准。雅各没有自设应允的标准,直至神的应允赐下来,恒定不变地向神祈求仰赖。

另外,天使长米迦勒将雅各的大腿窝摸了一把,就扭了,意味着雅各的自我被彻底破碎。深藏已久的以自我为中心的意念、成见和固定观念,乃至属世的聪明、人意的计谋,统统得以破碎。那些虚浮的自尊、狡黠的秉性也一并得以清除。

大腿是支撑身体的关键部位。所代表的属灵含义是：刚强正直、坚定不变以及人的威信名望。大腿窝象征人的内心或固化的意识状态。就是具有这种意义的大腿窝被扭了。

这样，破除自我乃是蒙神应允的前提，也是弃肉进灵的关键。彻底破除自我的雅各身上开始出现一系列的变化。

黎明时分，天使长米迦勒说："容我去吧！"雅各说："你不给我祝福，我就不容你去。"更加恳切地仰赖神的祝福。天使长米迦勒问雅各"你名叫什么"？米迦勒天使长本是参透雅各的一切，之所以问他名字，是为了履行奉神所差而来的旨意，成全雅各。

好比耶稣问那前来求治的瞎子"要我为你作什么"一样，瞎子所愿当然是要看见，而耶稣仍问他求什么，是要引出他亲口求告，好按公义成全其愿。瞎子回答"我要看见"，便得了应允。

天使长米迦勒在雅博渡口问雅各"你名叫什么"，换了以前的雅各，一定会先琢磨对方问此用意，并怎样回答对己有利。但此时的雅各已彻底破除自我，便如孩子无所思虑地回答"我名叫雅各"，也便从天使长米迦勒获得了显应的承诺和祝福的约言。

6.你的名不要再叫雅各，要叫以色列

> 那人说："你的名不要再叫雅各，要叫以色列，因为你与神与人较力，都得了胜。"雅各问他说："请将你的名告诉

> 我。"那人说："何必问我的名？"于是在那里给雅各祝福。雅各便给那地方起名叫毗努伊勒（就是"神之面"的意思），意思说："我面对面见了神，我的性命仍得保全。"日头刚出来的时候，雅各经过毗努伊勒，他的大腿就瘸了。故此，以色列人不吃大腿窝的筋，直到今日，因为那人摸了雅各大腿窝的筋。（32章28-32节）

神给雅各更名为"以色列"。以色列包含着"与神与人较力，都得了胜"之意。意味着藉着以撒所应许与雅各的长子福分，正式归于雅各。

就是意味着以撒对雅各"愿多民侍奉你，多国跪拜你；愿你作你弟兄的主，你母亲的儿子向你跪拜。凡咒诅你的，愿他受咒诅；为你祝福的，愿他蒙福"这一祝福祷告，必成就在雅各身上。

这一祝福临到身上，雅各就免遭以扫之害，常蒙神的引导，稳行在蒙福的道路上。这不仅意味着神要使雅各安然得脱眼前的危机，而且也是神在他身上旨意的实现必有保障的又一次应承。

米迦勒天使长赐雅各新名以色列，原因是"你与神与人较力，都得了胜"。雅各摔跤的对手是天使长米迦勒，可为何还说是与神较力而得胜呢？

因为米迦勒天使长是蒙神差遣并奉神的名来给雅各所求赐下应允的。雅各为要蒙允而向米迦勒天使长较力到底，等于向神仰赖至终。另外，雅各"与神较力而得胜"表示雅各的心志贞坚，配蒙神的应允。同时包含着神看中雅各出色的内心品质,拣选他作选民以色列的先祖之意。

雅各领受"以色列"这一新名后,问米迦勒天使长"请将你的名告诉我"。意在明确此时所得的福分实乃天使奉神的名所赐。

米迦勒回答雅各"何必问我的名",这不是婉拒雅各问其名的意图,而是在暗示"神所行的事岂有分毫之误,他发言岂不要成就"。

米迦勒天使长就地给雅各祝福。雅各将自己与天使较力而得福的地方起名叫"毗努伊勒",就是"神之面"的意思。

除了全然模成神形像的人,无人可以见神的面。有罪的人见了神的面必不得存活。雅各因得知自己彻夜摔跤的那个人,就是神所差来的天使长,便如得见神的面,心情无比激动。

这里"我面对面见了神,我的性命仍得保全",表示得见代表神而来的天使长而所求蒙允。雅各蒙了神的应允,但因大腿窝扭了,他的大腿就瘸了。这表明雅各已不再是原先那种因满有自义和固我而昂首自得了。

大腿扭瘸了,自然就俯首屈身,这一形像恰恰与他因除净自我而变得虚心谦卑的内心状态相照应。以"死就死"的心志,与米迦勒天使长彻夜摔跤争胜直至大腿窝被扭的雅各,此时已是气力耗尽,浑身疲累。

到了这一地步,雅各的自我主张已是荡然无存。"我算不得什么，只愿凡事照神的旨意而成"，此时雅各只有一颗顺服的心。人若达于这种境地，必常蒙神的保障和赐福。靠自己本事，处处碰壁，全然向神交托仰赖，则凡事亨通，所行顺利（箴言3章5-6节；16章3节）。

为此，我们当像雅各那样，彻底破除自我而成为新造之人。不能只在口头上向神交托，而当全然舍弃自我，专心实意靠神，在神面前只有"阿们"和"一是"。除净自我的衡量标准在于听命顺从。

雅各虽还没达到完全的地步，但他彻底破除自我后，神的应允立刻就赐了下来。换了常人定是半途而废，而雅各忍耐到底，终于胜过了这场试炼。

以色列人纪念这一事件，过了数千年的至今，仍不吃大腿窝的筋。以缅怀雅各赖以蒙神赐福的坚贞心志，记念以色列民族的由来。

这是任何民族都无法比拟的独特性、根源性，代表雅各起头的以色列人的民族特性。神为了兴起这一民族，拣选品质卓然的雅各，使他经过熬炼和雕琢，成为以色列民族的先祖。

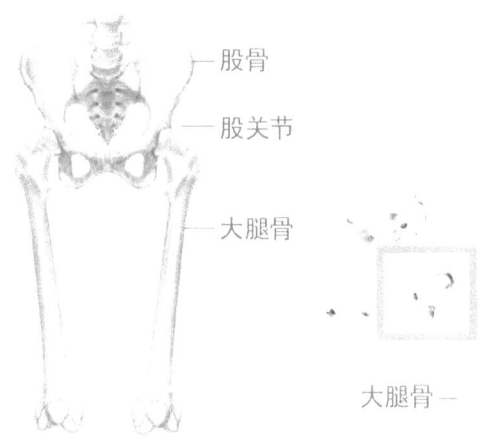

股骨
股关节
大腿骨

大腿骨一

大腿骨是人体最长、最结实的长骨，是支撑身体的关键部位。

所代表的属灵含义是：凡事照正道行、所立之约持定不变，以及一切由神安排和成全。

因此，旧约时代，人们每逢重要的事，通常把手放在对方大腿底下起誓（创世记24章2节；24章9节；47章29节）。雅各在雅博渡口与天使摔跤过程中大腿窝被扭，大腿就瘸了。这预示雅各从此成为专心靠赖神的人。

"我一生的年日里,

回顾每一个瞬间,并非都是无憾无悔。

神特殊的指引和厚待,

我的生命得以更新而改变,

使我子孙遍满,恩典祝福代代相传,

称谢我的神。

愿他们都在神的救赎旨意中,

凡事体贴神的心意,

行走完全之道,永不偏离。"

第二部

我朋友
亚伯拉罕的后裔,
我必帮助你!

/ 第二部 /

神的朋友亚伯拉罕的后裔雅各，
经过熬炼，彻底破除自我后，
得进应许之地迦南，得享长子的福分，
成为以色列人的先祖。

由雅各的十二个儿子形成以色列十二支派，
后来在选民以色列犹大支派
大卫谱系中出了弥赛亚，即耶稣，
完成了神向全人类的救赎旨意。

以坦然与谦卑之心见以扫

神使雅各与以扫彼此和好

婉拒以扫的好意往疏割去

定居应许之地迦南

1. 以坦然与谦卑之心见以扫

> 雅各举目观看，见以扫来了，后头跟着四百人，他就把孩子们分开交给利亚、拉结和两个使女，并且叫两个使女和她们的孩子在前头，利亚和她的孩子在后头，拉结和约瑟在尽后头。他自己在他们前头过去，一连七次俯伏在地，才就近他哥哥。以扫跑来迎接他，将他抱住，又搂着他的颈项与他亲嘴，两个人就哭了。（33章1-4节）

在雅博渡口得到更新转变的雅各，领着前夜先到彼岸的家眷，继续往家乡赶路。一日，雅各望见以扫来了，后头跟着四百人。眼前的一幕看似他通宵与天使较力所得的祝福毫无果效，情势仍如以前。

然而立志专心靠神的雅各已是内心坦然，无所畏惧。他把家眷分成三队，并安排两个使女和她们的孩子行在前头，利亚和她的孩子在后头，拉结和她所生的约瑟在尽后头。

单看雅各的做法，好像照常要动用自己的聪明和计谋应对险情。之前他还把仆婢、家眷并羊群、牛群、骆驼分作两队，以备以扫来击杀这一队，剩下的那一队还可以逃避。不过这次不同的是，他自己在最前头行。

如果雅各动用人意，专顾自己的所有及性命，必选择在尽后头行。而这次行在最前头，表明他已是不以性命为念，将一切向神交托和仰望，把生死置之度外。

又可以看出雅各哪怕牺牲自己和妾室并其众子，乃至利亚和其众子，也要保住拉结和约瑟的决然之志。是因为雅各偏爱拉结和约瑟的缘故吗？按肉体看，是有这一成分，再从灵里看，雅各是要按属灵的次序成就神向他身上的旨意。

雅各当初恋爱拉结，为娶她为妻，服侍母舅拉班整整十四年。若不是拉班欺骗雅各先把利亚给他，正室准是拉结。若是这样，拉结所生的约瑟自然是继承雅各正统世系的长子。

论属肉的次序，利亚所生的流便是长子，论属灵的次序，则是拉结所生的约瑟是长子。因而神藉着约瑟为以色列人迁居埃及形成大族开辟了道路。

神更重看属灵的次序，在雅各的十二个儿子中拣选约瑟来成就祂的美意。不过雅各这样决然，非因清楚这一属灵的奥秘或法则，乃是受了神的感动而行。

从属肉的层面看，雅各心志坚贞，起初对拉结的爱恋之情恒定不变。自然对拉结所生的约瑟亦是疼爱有加。在生死关头，把拉结和约瑟安排在后方予以保护，意在通过心爱的拉结和儿子约瑟保住并传承自己的正统血脉。

在雅博渡口除去自我的雅各，发生了很多变化。其一就是肯把自己摆在死地，一反从前专顾一己之私。在前头引领家眷的雅各，见到哥哥，一连七次俯伏在地，才到他跟前。

七次俯伏在地，表明雅各已降卑到极处，且包含着对前事的诚然懊悔和归正。破除自我的雅各，在以扫面前放下虚浮的自尊，将富贵、地位完全置之度外。

心意更新的雅各学会了设身处地，先为别人着想。"哥哥恨我，是因我伤害了他，换了我也会难以接受……"懂得体谅哥哥的感受和心情。不再为自己申辩，也不再自以为是，能够站在哥哥的立场上理解和同情。

那么，以扫此时的心态会是怎样？二十年前，被雅各骗取长子祝福，难抑心中的怨愤，定意要杀死雅各。但随着岁月的更替，以扫的心境产生了变化。自从雅各离家后，以扫在父亲以撒身边独享现实生活中长子的位分，心中的郁结也随之渐得排遣。

一天，听到雅各还乡的消息，以扫心中好似平息的怨恨复又悄然冒头，但未至于要害雅各的地步。虽然想起往事既窝囊又懊恼，但他已经打算好，见了雅各首先要质问他当时行那事是出于何由，并无执意要害他之意。

又看到雅各的仆人和所赠的礼物，他的心结进一步消融。因为礼物传感到的是雅各谢罪和顺服哥哥的真情。

再看着雅各一连七次向他俯伏在地，多年的积怨便瞬间化为乌有。以扫跑来将雅各抱住，搂着他的颈项与他亲嘴，两个人就哭了。

那么，究竟是什么原因导致以扫的心如此快速地转变？因其心灵受了神的感动。而雅各能够获得神的帮助，乃因着他生命的更新。

他把生死置之度外，诚恳懊悔自己往昔对哥哥的亏欠，纵使哥哥要害他，也无一丝怨恨之意。因为能够设身处地理解哥哥，反而心生怜恤。

雅各之所以能够坦然无惧迎着哥哥去，一是因着向神交托一切，二是出于对哥哥的爱。

诚如约翰一书4章18节所说"爱里没有惧怕；爱既完全，就把惧怕除去"，凡爱里得以完全的，就没有惧怕。雅各在神面前破除自我，倒空骄傲、自尊、机诈，便能以谦卑之心，甘心俯身去服侍他哥哥。

雅各的谦卑打动了以扫的心。他的真诚使以扫忘却了仇怨，反而心生怜爱。想到弟弟长年在异地忍屈受苦，怜悯之情袭上心头。

以扫心态的转变，盖因受了神的感动。正如箴言16章7节所说"人所行的，若蒙耶和华喜悦，耶和华也使他的仇敌与他和好"，神喜悦雅各的转变，便垂听他的祷告，扭转以扫的心态，使二人得以和好。

2.神使雅各与以扫彼此和好

> 以扫举目看见妇人孩子，就说："这些和你同行的是谁呢？"雅各说："这些孩子是神施恩给你的仆人的。"于是两个使女和她们的孩子前来下拜；利亚和她的孩子也前来下拜；随后约瑟和拉结也前来下拜。以扫说："我所遇见的这些群畜是什么意思呢？"雅各说："是要在我主面前蒙恩的。"以扫说："兄弟啊，我的已经够了，你的仍归你吧！"雅各说："不然，我若在你眼前蒙恩，就求你从我手里收下这礼物，因为我见了你的面，如同见了神的面，并且你容纳了我。求你收下我带来给你的礼物，因为神恩待我，使我充足。"雅各再三地求他，他才收下了。(33章5-11节)

与弟弟分享重逢的喜悦，感激涕零的以扫，早已看见雅各身后的妇人和孩子，喜不自胜，虽心里明白却故问："这些和你同行的是谁呢？"雅各智慧地答道："这些孩子是神施恩给你的仆人的。"

这话更使以扫心里满足。以扫时下虽然善待雅各，但他毕竟是属肉之人。属肉之人反复无常，充满恩典时显得随和宽容，离了恩典，则转而抱怨怀恨。以扫当下心情愉悦，待雅各慷慨大方，但雅各的一句失言，有可能使以扫情绪陡转，情势骤变。

雅各不慎说错一句话，万一触碰了以扫内心的痛处将会怎样？雅各若以炫耀的口吻说自己如何如何蒙神大福，以致家财丰盛、人丁兴旺，必使以扫大伤自尊。

长子的名分虽被弟弟骗走，但以扫一直在父家独享着长子的待遇，生活富足安稳，若是意识到弟弟在外蒙了大福，带着巨大财富而归，必想起雅各曾经骗取其长子福分的怨屈，伏在心底的怨恨便会爆发出来。

但雅各在哥哥面前自谦自卑，尊以扫为主，卑自己为仆，并称自己一切福分都是神施恩与他的。雅各向哥哥极尽谦辞卑礼，尽量避讳自夸和炫示，恐怕伤及哥哥的自尊。

雅各回答已毕，叫使女悉帕和辟拉和她们的孩子前来向以扫下拜。接着是利亚和她的孩子，最后是约瑟和拉结。

雅各把拉结和约瑟安排在尽后头，以示他们在家中的地位。按灵里说，拉结才是雅各的正室，因而把拉结和她所生的约瑟放在上位。

雅各对哥哥的真诚，非但表现在谦辞和卑行上，更是表现在奉给哥哥的厚礼上。以扫看见雅各带来的群畜，故意问这是什么意思，雅各谦恭地答道"是要在我主面前蒙恩的"，表示懊悔往昔对哥哥所行的亏欠。礼物便是代表他真诚的悔改之心。以扫领了弟弟的心意，遂不肯受他的礼物。

其间以扫在父家尽享长子的待遇和美福。因有从父亲领受的丰厚家产，没必要收弟弟的礼物。又看着弟弟极其谦卑的样式，怜爱之情油然而生，慷慨表示长兄的气量。此时，雅各心里都想些什么呢？

"哥哥领了我的心意，既然再三推辞，也就罢了，收回礼物又何妨？"——雅各丝毫没有这种念头，他始终是诚心实意，全无敷衍之念。

雅各若有贪心欲念，或是虚情假意，那么，定是佯装推就，趁机把礼物收回。但他没有半点摇动，向哥哥持守他的真诚。

而他还有另外一个意图，就是要以此立下哥哥恩免其过的保证。雅各深明属灵的法则，试图借以厘清他和哥哥之间的关系，以绝是非后患。

雅各进而说"我见了你的面，如同见了神的面"，这可不是奉承，而是真情的流露。若是以前，雅各也许顺着机诈的秉性，刻意恭维以图抵消哥哥的怨怒。

但此时的雅各已完全不同于从前，这句话诚然是他肺腑之音。"如同见了神的面"，暗指一切所求之应验，乃都由神来。又向哥哥表示，神恩待他，使他充足，求哥哥收下他的这份礼物。

雅各再三地求，盛情难却，以扫便收下了雅各的厚礼，心中积蓄二十年的怨愤便由此烟消云散，兄弟二人至此和好。

3. 婉拒以扫的好意往疏割去

> 以扫说："我们可以起身前往，我在你前头走。"雅各对他说："我主知道孩子们年幼娇嫩，牛羊也正在乳养的时候，若是催赶一天，群畜都必死了。求我主在仆人前头走，我要量着在我面前群畜和孩子的力量慢慢地前行，直走到西珥我主那里。"以扫说："容我把跟随我的人留几个在你这里。"雅各说："何必呢？只要在我主眼前蒙恩就是了。"于是以扫当日起行，回往西珥去了。雅各就往疏割去，在那里为自己盖造房屋，又为牲畜搭棚；因此那地方名叫疏割（就是"棚"的意思）。（33章12-17节）

以扫催雅各跟他一起回家去。雅各则以孩子们年幼娇嫩，牛羊也正值乳养时期，不好继续赶路为由，委婉推辞。

但这只是表面上的借口，雅各其实是在有意回避与以扫同行，因为他洞悉属肉人的本质。当下以扫的确是真心实意的，但不能排除其变心的可能性；万一不慎触碰其内心的痛处，随时都有可能引发旧怨复起。雅各深知属肉人的劣根性，觉得避免两人同居对双方都有益，便推辞了哥哥的提议。

再者雅各拥有大量的群畜，以扫的群畜规模也不小。若是俩人同居，很难确保足够的水源和牧草，两家之间的纷争在所难免。

当然届时可以像亚伯拉罕对罗得那样"你向左，我就向右，你向右，我就向左"，两家分居，化解纷争。但隐患仍然存在。如果哥哥迁居自己看中的地，后来感觉弟弟所住的地方比自己的好，就有可能反悔，复又嫉恨起弟弟来。

总之，属肉的人不可靠，顺着利欲所趋，总是反复无常。雅各不愿意再为这些事承受试炼，他曾因母舅十次改其工价，受尽了磨难。雅各推辞哥哥的提议，并非出于个人利弊的打算，而是两相和谐的考虑。

以扫听罢，觉得言之有理，便允诺雅各。的确，雅各的孩子们和群畜从远方哈兰而来，连日颠簸，已很疲惫。如果继续催赶，孱弱的群畜都必死了。

以扫又发好心，要留几个随从护佑雅各，也遭雅各的婉拒。原因何在？

因为以扫的人留在雅各这里，有可能起离间雅各和以扫的作用。雅各在母舅家里曾亲历类似的事情：母舅拉班的儿子们嫉妒雅各，向拉班进谗言惹动拉班，致使雅各被迫背着拉班逃跑。

照样，按照以扫的亲信怎样传话，好不容易恢复的兄弟亲情，有可能毁于一旦。雅各深知人心之诡诈，再次谢绝以扫的好意。

雅各说是要随后赶往以扫那里，实际上没有照着行。雅各因着神的旨意领受长子福分作以撒的继承，若是雅各与以扫同居的话，大福仍必归于雅各。以扫看着雅各得福，会是什么感受！势必念起长子名分被骗取，对雅各的仇怨复又在心中燃起。

另外，已蒙长子福分的雅各，不能居于以扫之下。按肉体的次序说，雅各理当服侍哥哥以扫，但从属灵的次序而言，雅各大过以扫。肉体的次序固然重要，但更重要的是属灵的次序。

雅各屡屡谢绝哥哥的好意，看似想方设法回避与哥哥同在。但雅各已非从前。这是雅各蒙神之恩，领受善的智慧，得进通达的道路。

信神的人，在智慧上理应超过世人。非因学识渊博，能力超群，乃因听清圣灵的声音，领受圣灵的指引。雅各依靠自己的聪明时，事事不顺，处处碰壁。而当他放下自己，单单遵从神的引导时，诸事亨通，凡行顺利。

若是以前，在这种境遇中，雅各定会动用自己的智慧和经验，以"怎样于我有利，如何躲避困境？"这样的筹算当先。但当下的雅各，纵然照样使用智慧和经验，而其心境从根本上与以往不同。

求己益处或逃避困难的心态已荡然无存，反而愿意凡事顺服神的指引和带领。就这样，破除自我，除去私心欲念的人，同样运用智慧和经验，却能蒙神的指引和带领。

以扫当天起行，回往西珥去了。雅各辞别以扫后，领着家眷和群畜赶到疏割。疏割位于雅博河口亚当城朝北约十二公里处，雅各在那里为自己盖造房屋，又为牲畜搭棚。疏割具有"棚"之意，因雅各在此处建屋搭棚而得名。

4. 定居应许之地迦南

> 雅各从巴旦亚兰回来的时候，平平安安地到了迦南地的示剑城，在城东支搭帐棚，就用一百块银子向示剑的父亲、哈抹的子孙买了支帐棚的那块地，在那里筑了一座坛，起名叫伊利伊罗伊以色列（就是"神以色列神"的意思）。
>
> （33章18-20节）

从巴旦亚兰到迦南地，路途崎岖艰险，但因蒙神的保守，他们平安结束归乡全程，雅各离开疏割到了示剑，在城东支搭帐棚。

示剑是以巴路山和基利心山之间的一座城邑，位于耶路撒冷以北数十公里处。这是后来雅各的属灵长子约瑟的后裔所得为业之地，也是约瑟的遗骸安葬之地（约书亚记24章32节）。

雅各用一百块银子向示剑的父亲、哈抹的子孙买了示剑城东的那块地，意在定居于此，不料，后来他们在此地遭遇一大横祸（创世记34章）。

雅各买妥那地后，在那里筑了一座坛，就像他的祖父亚伯拉罕初到迦南时在示剑地方摩利橡树那里，领受神"我要把这地赐给你的后裔"（创世记12章7节）的约言，并为神筑了一座坛一样。借以又一次确证他是亚伯拉罕的后裔。

雅各给这座坛起名叫"伊利伊罗伊以色列"，就是"神以色列神"的意思。他将在毗努伊勒所领受的新名"以色列"放进坛名中，以记念赐他新名的神。

雅各的女儿底拿被示剑玷辱
哈抹和示剑为娶底拿向雅各提亲
雅各的儿子们提出行割礼的条件
雅各的众子以恶报恶

1. 雅各的女儿底拿被示剑玷辱

利亚给雅各所生的女儿底拿出去，要见那地的女子们。那地的主希未人、哈抹的儿子示剑看见她，就拉住她与她行淫，玷辱她。示剑的心系恋雅各的女儿底拿，喜爱这女子，甜言蜜语地安慰她。示剑对他父亲哈抹说："求你为我聘这女子为妻。"雅各听见示剑玷污了他的女儿底拿，那时他的儿子们正和群畜在田野，雅各就闭口不言，等他们回来。示剑的父亲哈抹出来见雅各，要和他商议。雅各的儿子们听见这事，就从田野回来，人人忿恨，十分恼怒，因示剑在以色列家做了丑事，与雅各的女儿行淫，这本是不该作的事。(34章1-7节)

雅各的一生波澜起伏，坎坷不平。离开父母在哈兰服侍母舅二十年，回迦南地时又面临一场生死危机。

一大横祸即将发生。雅各一家旅居示剑城东时，雅各的女儿底拿出去，要见那地的女子们，不幸遭到了强奸。玷辱底拿的人是那地的主希未人、哈抹的儿子示剑。

希未人是含的后代（创世记10章17节），是沉迷偶像崇拜的迦南种族之一。示剑玷辱底拿后，恋爱这女子，甜言蜜语地安慰她，并求父亲哈抹为他聘这女子为妻。

从这一事件中，我们可以获得重要教训，即底拿为何不蒙神的保守而遭受这般耻辱？

雅各住在迦南地，一定是再三警戒儿女们不要沾染当地土著人的淫风败俗。如：不可随从他们的习俗、不可亲近他们的偶像、不可与他们通婚结亲等等。尤其警戒自己的妻子和女儿们避免与外邦人接触，一定要有守身防范意识。

然而，底拿禁不住对外面世界的好奇和迷恋，违背其父雅各谆谆告诫，私自外出。她有恋慕世界的心，却没有制伏，以至纵欲而行，铸成大错，遭受不可弥补的羞辱。

罗得的妻子逃出所多玛城时，仍旧留恋那城，回头一看，变成了一根盐柱。底拿也因着恋慕世界而出外会友，结果遭人玷辱，不仅给自己，也给家人带来了巨大的痛苦。

歌罗西书2章21节明明质问为什么服从"不可拿、不可尝、不可摸"等类的规条。然而，很多人虽归信基督，却仍迷恋世界上的事。他们的属灵生命就此停滞不长。"我为弃罪作了很多努力，却为何改变这么慢？"有这种苦恼的人，应当查验自己是否恋慕世界或亲近世界上的事。

从雅各应对底拿事件的情节中，充分体现出雅各在雅博渡口的彻底破碎和转变。雅各听到示剑玷辱了他的女儿，那时他的儿子们正在田野牧放群畜。雅各克制心中的悲痛，闭口不言，等儿子们回来。

雅各很清楚儿子们知道这件事会有怎样的反应。等儿子们回来，他想规劝他们，要把这件事交给神处置。

不出雅各所料，他的众子听到妹子底拿遭人奸污，人人忿恨，怒不可遏。面对同一状况，他们的反应与父亲雅各截然相反。

若是以前的雅各，定会愤恨不已，立刻采取行动，差人报信并招聚田野的儿子们。然而雅各已经改变了。

女儿遭人玷辱，雅各却毫无"以恶报恶"之念。放在从前，定会怒火难耐报仇雪耻。而此时雅各十分冷静，不再感情用事。

经过二十年的熬炼，雅各变得遇事三思，言行缜密，顾及后果，不再贸然行动。再说雅各是一家之主，领着众多家眷、仆婢和财产，所以更不能草率行事。

属肉体的人很容易受情绪的支配，不顾及别人的感受和痛苦，意气用事，总是"以其人之道，还治其人之身"，反招更加恶毒的报复。

罗马书12章21节说"你不可为恶所胜，反要以善胜恶"。以善胜恶才是真正得胜，耶稣善待那些蔑视、凌辱、陷害祂的人；众神人先知也都活出了以善胜恶的生命境界。

另外，从示剑这个人物身上可以看出属血气之人的本质。示剑奸污底拿后，求父亲为他聘底拿为妻。从表面上看，示剑似乎是真情爱恋底拿。当然，不弃自己所玷辱的女子，对她负责，要娶她为妻，可算是有起码的良心。

而示剑的行为显然是不正当的。以爱为由，放纵情欲，世界岂不一片混乱！示剑若是真爱底拿，要娶她为妻，岂能忍心辱没她？理当维护她的贞洁，力求以正当渠道迎娶。

在其它方面也是如此。给人带来创痛后，试图用足够的赔偿来弥补罪过是枉然的。没有人会忍心伤害自己所珍爱的人。若是给人带来了创痛，理当诚心懊悔并赔罪求解。

然而，示剑和其父哈抹恰恰相反。他们到雅各那里提亲的时候，没有半句赔罪之辞，竟以"事已至此，不如将你女儿给示剑为妻"这种口气跟雅各说话。

属血气的人就是这样：给人造成了伤害，却不知愧疚，反而视为平常，处之漠然，以为作了足够的补偿就可以了事。

2. 哈抹和示剑为娶底拿向雅各提亲

> 哈抹和他们商议说："我儿子示剑的心恋慕这女子，求你们将她给我的儿子为妻。你们与我们彼此结亲，你们可以把女儿给我们，也可以娶我们的女儿。你们与我们同住吧！这地都在你们面前，只管在此居住，作买卖，置产业。"示剑

> 对女儿的父亲和弟兄们说:"但愿我在你们眼前蒙恩,你们向我要什么,我必给你们。任凭向我要多重的聘金和礼物,我必照你们所说的给你们,只要把女子给我为妻。"(34章8-12节)

哈抹对雅各的儿子们说:"我儿子示剑的心恋慕这女子,求你们将她给我的儿子为妻。"并称只要这门婚事谈成,就容雅各一家定居他们的城邑,作买卖,置产业。

当时迦南地的土著种族,过着稳定的农耕生活,哈抹和示剑城的居民也不例外。而雅各家族以游牧为生,四处飘流,居无定所。哈抹便利诱雅各说只要他同意这门亲事,就给雅各提供住地,可以经商立业,得享安稳的生活。

示剑也开口承诺:只要把底拿给他为妻,付出多少聘金和礼物也愿意。看似示剑纯情恋慕底拿,实则暗藏利益的打算。属肉体的人凡事专为己谋。

表面上貌似为别人着想,内心里却是另有心计。示剑心中谋算:娶了底拿,与雅各家族结亲,城中的居民与雅各家族通婚,雅各的群畜、货财和一切的牲口岂不都归于我们。

示剑觉得重金把底拿娶来,不论付出多大的代价都行。具有这种心态的人,受恩于人,并无报答之切。认为付出与受惠相抵,昔日的恩就此一笔勾销。甚至想那施恩之人应该"已得回报,当以为幸"。这就是属肉体的人普遍心态。

良善之人却非如此，若是无意中伤害了人，不会一次言行致歉而了事，而直至对方释然，诚心报偿补过，并且深以为戒，不再重蹈覆辙。他们得人的恩惠，常存感恩，恒心报答，不止于一次两次。我们不论对神还是对人，都要活出这样的美德。

3. 雅各的儿子们提出行割礼的条件

雅各的儿子们，因为示剑玷污了他们的妹子底拿，就用诡诈的话回答示剑和他父亲哈抹。对他说："我们不能把我们的妹子给没有受割礼的人为妻，因为那是我们的羞辱。惟有一件才可以应允，若你们所有的男丁都受割礼，和我们一样，我们就把女儿给你们，也娶你们的女儿。我们便与你们同住，两下成为一样的人民；倘若你们不听从我们受割礼，我们就带着妹子走了。"哈抹和他的儿子示剑喜欢这话。那少年人作这事并不迟延，因为他喜爱雅各的女儿。他在他父亲家中也是人最尊重的。哈抹和他儿子示剑到本城的门口，对本城的人说："这些人与我们和睦，不如许他们在这地居住，作买卖。这地也宽阔，足可容下他们。我们可以娶他们的女儿为妻，也可以把我们的女儿嫁给他们。惟有一件事我们必须作，他们才肯应允和我们同住，成为一样的人民，就是我们中间所有的男丁都要受割礼，和他们一样。他们的群畜、货财和一切的牲口岂不都归我们吗？只要依从他们，他们就与我们同住。"（34章13-23节）

雅各的众子蓄意向示剑和其父亲哈抹提一个条件，即示剑城中所有男人必须受割礼，才有资格娶以色列女子为妻。

"割礼"是指为男性割下阴茎包皮（阳皮）的仪式。亚伯拉罕奉神之命，为自己和家中一切男丁行了割礼，以撒和雅各及其众子，初生第八日也都受了割礼。这是神人立约的象征。

雅各的众子承诺：只要示剑城的男子全受割礼，就同意将底拿嫁给示剑，雅各家族必与他们通婚结亲，同为一民。这其实是雅各众子所设的圈套，

暗藏仇杀示剑并灭尽示剑城一切男子的计谋：是要利用示剑娶底拿心切，诱导他说服示剑城所有男子接受割礼，趁众人伤口未愈，行动不便，突袭该城，斩尽杀绝。

示剑和哈抹蒙在鼓里，欣然接受这一条件。示剑毫不迟延地为此事呼吁全城的人。示剑在他父亲哈抹家中是最受尊重的，是示剑城的首领，他的话一言九鼎。

哈抹同儿子示剑到本城的门口，用雄辩的口才向城内的居民宣扬：受割礼与雅各家结亲，容他们和我们通婚，同化成一民，他们的所有就都归于我们。

他们貌似为示剑城全民利益着想，实为鼓动众民同受割礼，以满足自己的私欲。示剑并非单纯是恋慕底拿，要娶她为妻，而是暗藏着占有雅各财产的企图。

这就是属肉体之人的典型心态：表面上求人益处，背地里谋求私利。

4.雅各的众子以恶报恶

> 凡从城门出入的人,就都听从哈抹和他儿子示剑的话。于是,凡从城门出入的男丁都受了割礼。到第三天,众人正在疼痛的时候,雅各的两个儿子,就是底拿的哥哥西缅和利未,各拿刀剑,趁着众人想不到的时候,来到城中,把一切男丁都杀了,又用刀杀了哈抹和他儿子示剑,把底拿从示剑家里带出来就走了。雅各的儿子们因为他们的妹子受了玷污,就来到被杀的人那里,掳掠那城,夺了他们的羊群、牛群和驴,并城里田间所有的,又把他们一切货财、孩子、妇女,并各房中所有的,都掳掠去了。雅各对西缅和利未说:"你们连累我,使我在这地的居民中,就是在迦南人和比利洗人中,有了臭名。我的人丁既然稀少,他们必聚集来击杀我,我和全家的人都必灭绝。"他们说:"他岂可待我们的妹子如同妓女吗?"(34章24-31节)

示剑的说辞正合城中居民的趋利之心,一切男丁都情愿受了割礼。而到第三天,众人正在疼痛的时候,却遭受了突如其来的灭顶之灾。

底拿的哥哥西缅和利未趁机突袭示剑城,用刀剑把包括哈抹和他儿子示剑在内的一切男丁都杀尽了。他们的报复行动不止于此。

雅各的众子一齐赶到该城,把妇女孩子和那里的一切牲畜货财家具都掳掠去了。因妹子受人羞辱而杀尽全城的男子，又掳掠城中的财物，这显然是大恶。

旧约时代律法允许人们"以眼还眼，以牙还牙"，然而神赐这一律例绝非提倡膺惩和报复，而是为了让人警惕罪恶，以防罪恶在百姓中滋生蔓延。

利未记19章18节说："不可报仇，也不可埋怨你本国的子民，却要爱人如己。"当然雅各生活的那个时代，律法还未颁布问世。但那些与神相交，悟通神心意的人，即便没有律法，也能顺着善良的本性，活出律法上的事。

人若行恶，必受神公义的审判，诚如罗马书12章19节所说"伸冤在我，我必报应"。追求真理良善的人，对何人都不以恶相报，而以理解和宽容，活出以善胜恶的境界。专心寻求神的引导，将一切交给那按公义报应人的神。

总之，倚靠神而行善，便是蒙神赐福，凡事亨通的捷径（诗篇37篇3节）。雅各的儿子们用计谋杀尽示剑城的男子，这给当地族群对雅各家族进行报复埋下隐患。

幸好神顾念雅各，使那周围城邑的人都甚惊惧，不敢攻击他们。这是符合公义的。因为这桩事件的起因是示剑得罪雅各家，所以神保守雅各一家免受当地人的报复。

若没有神的作工，势单力薄的雅各一定是全家性命难保。虽然底拿蒙受了永远洗不清的羞辱，但雅各的儿子们不该选择以恶相向，而当照神的善道，遵循神的旨意，仰望神的法则。

杀戮示剑众男子的是西缅和利未二人，其他几个兄弟是随后参与了掳掠。其中有带着愤恨和报复情绪而为的，也有顺势遂情而行的。

顺势遂情而行者，当问及"为何参与了此事"，他们可能会说"情势所迫，不得已而为之"。

当然这是狡辩，若是无心，就不会与之同伙。合伙举事，就说明他们同忾同恶。

事后，雅各甚是忧虑，生怕周边的迦南人和比利洗人风闻他儿子们在示剑城所行的事，而愤然追击，以致全家覆灭。

底拿受辱，众子复仇这一系列事件，把雅各全家推向存亡危机。雅各便照神的引导上伯特利去，清理归正全家信仰，履行他曾经向神许的愿（创世记35章）。

上伯特利去筑一座坛给神

雅各家信仰革弊

全家到伯特利筑坛献祭

将来有一族和多国的民从你而生,又有君王从你而出

在伯特利立石柱作与神立约的证据

儿子便雅悯的出生与拉结的死

利亚的长子流便与他父亲的妾辟拉

雅各与以撒的重逢

1. 上伯特利去筑一座坛给神

> 神对雅各说："起来！上伯特利去，住在那里，要在那里筑一座坛给神，就是你逃避你哥哥以扫的时候向你显现的那位。"（35章1节）

雅各一家因众子屠城事件，感到危机即将来临。此时神指示雅各上伯特利去为祂筑坛。伯特利是雅各躲避以扫逃奔哈兰的时候，神向他显现并与他立约的地方（创世记28章10-22节）。

当时雅各孤身一人，正投奔母舅拉班而去。神向茫然无望、一无所靠的雅各显现并赐他惊人的约言。

"你的后裔必像地上的尘沙那样多，必向东西南北开展，地上万族必因你和你的后裔得福。我也与你同在，你无论往哪里去，我必保佑你，领你归回这地，总不离弃你，直到我成全了向你所应许的。"（创世记28章14、15节）

时隔长久,神藉着雅各成就祂的这一约言。神时常与雅各同在,作他随时随地的保守和引导,最终领入应许之地。此时,神引导雅各追忆往事,使他更深切地感悟今日一切福分都是由神而来。

当然雅各未曾轻忽神的约言,也未曾忘记神的恩福。神仍将雅各引导到他曾得见神并领受约言的地方,再次筑坛给神,为的是坚定与他之间的立约,并赐福与他。

神当下重申曾经的约言并祝福雅各,而其意义与往昔截然不同。

当初领受约言时,雅各还没有改变,而此时的雅各已变成了新人。约言虽是同样,此时要向雅各显明的是另一层深意。神当初赐约言与雅各,主要是针对雅各将来的遭遇。

为了兑现与雅各的约言,神使雅各在哈兰经受二十年的熬炼。等到雅各彻底破除自我,更新心意,成为配蒙所应许之福分的器皿,神就再次呼召他到伯特利,重申并要兑现与他所立的约。

2.雅各家信仰革弊

> 雅各就对他家中的人,并一切与他同在的人说:"你们要除掉你们中间的外邦神,也要自洁,更换衣裳。我们要起来,上伯特利去,在那里我要筑一座坛给神,就是在我遭难的日子应允我的祷告、在我行的路上保佑我的那位。"他们就把外邦人的神像和他们耳朵上的环子交给雅各,雅各都藏在示剑那里的橡树底下。他们便起行前往。神使那周围城

邑的人都甚惊惧，就不追赶雅各的众子了。(35章2-5节)

雅各奉命上伯特利去之前，检验自己和全家人的信仰。雅各令家眷和仆婢清除他们中间的假神偶像，也要自洁，更换衣裳，归向纯正的信仰。就是进行全面的信仰革弊，使全家归神为圣，同朝一个流向。

神赐予雅各的约言，非靠雅各个人蒙神赐福和保佑所能成就的。神约定要通过雅各成就祂的选民以色列，为此雅各和家人必须同心合意，乘上一样的潮流。

家人当中若有谁违背神的旨意，行不义的事，会导致神赐福的管道堵塞。雅各深明此理，便在向神筑坛之前，行了四件事，如下：

第一，吩咐众人除掉外邦神。

意指除去对世界的恋慕，就是要除去过于爱神的一切。某些事，我们爱之并非过于爱神，却使我们在爱神的事上分心，不能尽心竭诚地服侍神。这些都属于我们当警惕并除去的部分。

约翰一书2章15节说："不要爱世界和世界上的事。人若爱世界，爱父的心就不在他里面了。"这里"世界"是与神相对的概念，即与真理光明向对之事物的统称。人若爱世界，罪就乘虚而入，逐渐为罪欲所胜，屡犯不止，以至于罪中沦丧，正如罗马书6章23节所说"罪的工价乃是死"（罗马书6章23节）。

神吩咐我们不可迷恋世界，意即从我们的耳目、肢体，乃至心思意念中，清除一切对世界的恋慕。倒空一切爱世界的心，就被神恩所充满，得以凡事向神坦然无惧，凡所求的，都从神得着。

第二，吩咐众人要自洁，更换衣裳。

"自洁"不单指外表行为层面。圣灵降临之前的旧约时代，是将行为作为衡量信仰的标准。到神面前来的人，必须仪表端正，行为虔诚。而更重要的是内心的圣洁。这就是"更换衣裳"的实意。

"衣裳"在灵意上代表人的心。表示要脱去"旧衣"，即除去旧人污秽的心意，换上一颗清洁的心灵，就是用真理所打造的圣洁荣美的新心（以弗所书4章22-24节），必蒙应允和赐福。

第三，把外邦人的神像和众人耳朵上的环子都藏在橡树底下。

众人顺着雅各的吩咐，就将外邦人的神像和耳朵上的环子都交给了雅各。"外邦人的神像"意味着旧人的习性与罪行。"耳环"在灵意上是为奴的标志（申命记15章16、17节）。

耳环，在当时的外邦人社会中，不单纯是一种妆饰品，而与迷信偶像有关联。人们在耳环上雕刻各种形像，作为吉祥物或护身符，迷信和依赖其魔力。故"除去耳环"，表示远离偶像崇拜，并意味着从魔鬼、撒但之奴仆的身份中获得释放。

雅各将众人交给他的外邦神像和耳环，都藏在示剑那里的橡树底下，使众人彻底远离偶像。其灵意是：出离黑暗，归向光明，即专心仰望神，在光明中行。

另外，"橡树"是信的象征。"藏在橡树底下"，就是因信离绝偶像之意。亚伯拉罕向神筑坛，通常选择有橡树之处。在橡树底下献祭，旨在望着挂满枝头的橡树果实，寄托他对神的约言实现的殷切期盼，表示他凡事信靠神的圣言而行的笃定心志。

雅各作好了向神筑坛的准备，就向伯特利起行。但他心中有挥之不去的忧虑，就是怕迦南人和比利洗人因雅各众子向示剑人所行的事进行报复。尽管示剑先向他们行恶，而雅各儿子们的残忍应对，可能会招致周围族群更加恶毒的报复。

幸好因着神的保佑，雅各一家安然避险。其实这也是符合公义的缘故。因为雅各虽然遭遇女儿底拿受辱事件，却不肯以恶报恶，而专心将此事向神交托。再者雅各对儿子们袭击示剑城的预谋全不知情。因此撒但对雅各无所控告的把柄。

神使那周围城邑的人都甚惊惧，不敢追赶雅各的众子。这是神顾念雅各而施与的恩典。不过，雅各的众子后来都遭受了与其恶行相称的报应。

3. 全家到伯特利筑坛献祭

> 于是雅各和一切与他同在的人到了迦南地的路斯，就是伯特利。他在那里筑了一座坛，就给那地方起名叫伊勒伯特利（就是"伯特利之神"的意思），因为他逃避他哥哥的时候，神在那里向他显现。利百加的奶母底波拉死了，就葬在伯特利下边橡树底下，那棵树名叫亚伦巴古。（35章6-8节）

雅各一家安然到达伯特利。雅各在那里筑坛，向神还了他曾许的愿，并给那地方起名叫"伊勒伯特利"。伊勒伯特利意为"伯特利之神"。从中我们可以获得两个方面的教训。

第一，与雅各同在的人一齐前往伯特利。他们听从雅各吩咐除去神像，自洁成圣的指示而一齐前往伯特利，参与筑坛献祭与神。

第二，照神的意旨向神筑坛。神呼召雅各到伯特利，旨在使雅各记念在他躲避以扫投奔母舅的途中，向他显现并祝福的神，以感恩的心向神筑坛献祭。雅各早已感悟到神吩咐他筑坛的意旨，便体贴神的心意而行。

而当今很多教会，在礼拜或聚会行为上，偏离了神赋予礼拜或聚会的根本精神。我们当明白：包括礼拜在内的一切聚会活动，唯有一个目的，就是归荣耀与神。

然而他们偏离这一旨归，将之作为一种娱乐消遣，甚至图谋私利的机会。包括各种礼拜在内的一切聚会活动，都必须合神的旨意，才能蒙神的悦纳。

雅各一行中有个叫底波拉的老妇人，是雅各母亲利百加的乳母。当初利百加嫁给以撒的时候，底波拉跟随利百加离开巴旦亚兰（创世记24章59节），一直陪伴利百加到她离世，之后，去了雅各那里。直到寿终。

底波拉死后，被葬在伯特利下边橡树底下。那棵树名叫亚伦巴古，意为"痛哭之树"。以示雅各对底波拉的离世深感悲痛。

底波拉的死，在属灵层面上并不具有大的意义。然而这一记载给我们展示当时的雇用乳母、葬死者于树底下等风土人情以及社会风貌。而且埋在什么树底下，涉事地名是什么等详细的记述，更加突出圣经的真确性。

4. 将来有一族和多国的民从你而生，又有君王从你而出

> 雅各从巴旦亚兰回来，神又向他显现，赐福与他，且对他说："你的名原是雅各，从今以后不要再叫雅各，要叫以色列。"这样，他就改名叫以色列。神又对他说："我是全能的神，你要生养众多，将来有一族和多国的民从你而生，又有君王从你而出。我所赐给亚伯拉罕和以撒的地，我要赐给你与你的后裔。"神就从那与雅各说话的地方升上去了。(35章9-13节)

雅各向神筑坛并求告神。神又向他显现，祝福他，重申其名要改为以色列。以色列这一新名，神早在毗努伊勒赐予雅各（创世记32章28节），此时在伯特利重又提起。

神给雅各起名叫以色列，表明祂要将雅各立为以色列民族的始祖。因为事关重大，所以神再次向他显现，重申此约，并赐福与他。

神祝福雅各后，就离开雅各升上去了。单从字面意义上看，似乎表示神亲临雅各那里，向他说话，然后升上去了。

前面神吩咐雅各上伯特利去筑坛时，也曾提到"神对雅各说"（创世记35章1节）。似乎在表示神亲自现身于雅各，面对面对他说

话。而这两种情况均不是神亲自现身于雅各。因为不是任人都可以面见神，与神对话。

查考圣经就可以发现，与神面对面的交流，惟独像摩西那样"谦和胜过世上的众人"，"在神的全家尽忠"的人才配得过（民数记12章3-8节）。雅各尚未达到完全的境界，故还不够资格面对面与神说话，或亲睹神本体的真像。

尽管如此，经上描述神向雅各显现，对他说话。原来这是神感动雅各的心灵，使他得听由心而来的声音。

按如今圣灵时代来说，好比我们听到圣灵的声音。旧约时代，人们还未得圣灵的内住，但神通过各种方式向人显明祂的旨意。

例如，历代志上28章12节说"又将被灵感动所得的样式，就是耶和华神殿的院子、周围的房屋、殿的府库和圣物府库的一切样式都指示他"，讲的是所罗门建殿的时候，被灵所感，领受对圣殿样式的启示。

雅各心意得到更新后，可以听到从心灵深处传来的神的声音。虽是从心里听到神的声音，但这毕竟是从神来的，故成立了"神对雅各说话"这一说法。

5. 在伯特利立石柱作与神立约的证据

> 雅各便在那里立了一根石柱，在柱子上奠酒、浇油。雅各就给那地方起名叫伯特利。（35章14、15节）

雅各在神向他启示的那地方立了一根石头柱子，其上奠酒、浇油，然后给那地方取名伯特利。以此作为神人立约的证据。

"立了一根石柱"表示相信神必照着祂不变的约言，藉着雅各立以色列的根基。"在柱子上奠酒、浇油"则表示忠信履行神指示他的言语。当时神的话还没有应验，雅各却以这种方式向神显明"神的约言必成"的笃定信念，以坚定神人之约。

神是信实的，从不食言，祂的约言必定成就。但雅各通过立柱奠酒浇油的方式，显明其笃定信志，雅各的这一信心的表现，成为神赐福于雅各的依据，使神的圣约全然成就在雅各身上。

人与人之间的关系上也相仿。互信建立在诚信守约的基础之上。诚实的行为表现是双方建立互信的重要依据。在神人之间的关系上，我们更当用实际行动，显出我们信心的凭据。这是至关重要的。

6.儿子便雅悯的出生与拉结的死

> 他们从伯特利起行，离以法他还有一段路程，拉结临产甚是艰难。正在艰难的时候，收生婆对她说："不要怕，你又要得一个儿子了。"她将近于死，灵魂要走的时候，就给她儿子起名叫便俄尼，他父亲却给他起名叫便雅悯。拉结死了，葬在以法他的路旁；以法他就是伯利恒。雅各在她的坟上立了一统碑，就是拉结的墓碑，到今日还在。（35章16-20节）

在伯特利立柱纪念圣约的雅各,领着全家从那地起行。而将近以法他的时候,雅各又经历了一件悲痛之事,就是他的爱妻拉结生下男婴后,因难产而死。这孩子是拉结的次子,是雅各最小的儿子。

拉结似乎意识到死期已至,快要断气的时候,给孩子起名叫"便俄尼",是"我悲哀之子"的意思。因拉结的死,陷入悲哀的雅各,不忍心照此名呼叫孩子,便给他另起名叫便雅悯,意为"右手之子"。

拉结是在雅各的生命中占据很大比重的人。虽除了拉结以外,他还有三个妻子,但拉结是他唯一因喜爱而娶的妻子,对她的爱恒久不变。虽因拉结的嫉妒所引发的矛盾而受了许多苦,但雅各对拉结的爱却始终如一。

爱一个人,可以宽容她(他)的一切。若因思想观念的差异或环境条件的更替而改变,这不是真爱。真爱体现在凡事理解和宽容,恒心不变,历久弥深。在这种意义上,雅各对拉结的爱是纯真的爱,拉结是雅各生命中的慰藉。

失去拉结的雅各,沉浸在极大的悲哀之中。而论到拉结的死因,不能单单归结于她生在医术欠发达的古时,关键是未蒙神的保守。若蒙了神的保守,她必顺利产子。那么,拉结的短命究竟何因?

前面论到拉结是个嫉妒心很强的女人,这也成为她长期不孕的属灵原因。虽然后来生了约瑟,但这也是神顾念雅各所施的恩。

然而拉结仍不知足,继续与人嫉妒争竞。她给儿子起名叫约瑟,意思是"愿耶和华再增添我一个儿子",充分地反映出她扭曲的心态。总之，拉结虽集丈夫的宠爱于一身，却仍顺着心中的嫉妒和贪婪，与人争竞，积累恶行，不知反省改正，以致得不到神的保守，早年离世。

那么，拉结因恶而短命，死后能否得救？拉结没有作心里的割礼，也很难说她用心灵侍奉神，但她至少时常随同丈夫雅各参与侍奉神。

每逢雅各向神筑坛献祭时，拉结也跟雅各一起拜神，守神的律例。她的信神并侍奉神，虽有被动的一面，但她究竟还算是一个守神的律例的人。

旧约时代与今不同，是将行为作为得救标准，照此可以说拉结具备了起码的信仰，能以靠着得救。雅各在以法他安葬拉结，又为她立了墓碑，随后起行前往。

爱妻拉结的离去，使雅各沉浸在极大的悲哀之中。望着初生丧母的便雅悯和年幼别母的约瑟，雅各该是何等悲悯和痛心！正由于如此，雅各后来分外疼怜约瑟，甚至趋向于偏宠，以致造成他众子之间嫉妒纷争的起因。

7. 利亚的长子流便与他父亲的妾辟拉

> 以色列起行前往，在以得台那边支搭帐棚。以色列住在那地的时候，流便去与他父亲的妾辟拉同寝，以色列也听见了。雅各共有十二个儿子。利亚所生的是雅各的长子流

便,还有西缅、利未、犹大、以萨迦、西布伦。拉结所生的是约瑟、便雅悯。拉结的使女辟拉所生的是但、拿弗他利。利亚的使女悉帕所生的是迦得、亚设。这是雅各在巴旦亚兰所生的儿子(35章21-26节)。

雅各起行前往西布伦,在以得台那边支搭帐棚时,失去拉结的悲痛还未平复,不料又接到一个骇人听闻的消息:利亚所生的长子流便与他父亲的妾辟拉发生奸情。

辟拉本是拉结的使女,后成了雅各之妾。他们的败坏行径,足以构成死罪。然而雅各并未愤恨恼怒,更没有公之于众,只是默默地忍耐,是要给他们改过自新的机会。

若是以前,雅各定会追讨其过,予以严厉的惩罚。而此时的雅各已不再己意当先,而将一切全然向神交托和仰望。

就这样,雅各经过长久岁月的熬炼,使良善与仁爱成形在心里,面对任何的逆境,他都能够保持平静;面对任何的伤害,他都能够以温柔的情怀,遮掩其过,并且恒久忍耐和守望。按照公义,流便和辟拉应受严惩。倘若这样作,会出现怎样的结果?

假如,雅各施重罚与二人,或赶出他们中的一个,也许能够阻止他们继续犯罪。但二人若不从心里悔罪改过,再严厉的惩罚也都归于枉然。亦或能起到罚一儆百的效果,阻止罪恶的蔓延,但这样会使他们连悔改的机会都得不着,反而永远在罪中沦丧。

那么,召二人来严厉斥责又会如何呢?他们若是诚心悔罪改过还算万幸,但为了摆脱眼前的窘境,只在表面上显出反省悔过的样子,照样是无济于事,因为以后还会寻机再犯。

雅各没有揭露他们的罪过,也没有加以斥责或惩罚,乃是希望他们能够达到发自内心的悔改。这就是超乎公义的爱的体现。雅各的这一表现,充分说明他经过熬炼,已在很大程度上模成了神的心。

借此事件,雅各又一次深刻地感悟到人生的虚空,更加夯实了他"凡事向神交托仰望"的信志。面对这令人痛愤之事,雅各依然专心为善,胜过试炼,为自己营造了蒙神赐福的条件。

雅各共有十二个儿子,包括利亚所生的六个儿子,拉结所生的约瑟和便雅悯,还有两妾所生的四个儿子。除了便雅悯以外的十一个儿子,都是在巴旦亚兰生的。雅各的时代已进入尾声,雅各众子的时代正渐渐拉开帷幕。

8. 雅各与以撒的重逢

> 雅各来到他父亲以撒那里,到了基列亚巴的幔利,乃是亚伯拉罕和以撒寄居的地方;基列亚巴就是希伯仑。以撒共活了一百八十岁。以撒年纪老迈,日子满足,气绝而死,归到他列祖(原文作"本民")那里。他两个儿子以扫、雅各把他埋葬了。(35章27-29节)

在哈兰与拉班分别后,雅各回到了迦南地,而他之后的行踪有些异乎寻常，与以扫和解后，没有直奔父亲以撒去。

雅各按理应当第一时间去拜见父亲。这是为人儿女者应尽的本分。以撒听到雅各归来的消息，一定是思子心切，延颈鹤望！然而，雅各却选择长时间定居示剑地。

底拿事件之后，雅各经过伯特利，到了基列亚巴的幔利，即希伯伦，见父亲以撒。这是有原因的。当时以扫的心态扭转，两人得以在和气中相会，但围绕"长子地位"的问题根源仍旧尚存。

假如雅各与哥哥和解后，直奔父亲那里去，会有怎样的后果？以撒见雅各仿佛是失而复得，喜不自胜，必大摆筵席庆祝其还乡。

见此情形，以扫的情绪可能又会出现逆转。会觉得父亲待雅各有些太过，昔日的怨情复又心中燃起。雅各正是出于这种考虑，虽咫尺相隔，却拖延见他的父亲，等候最佳时宜，以求保持兄弟间的和睦。

雅各经过熬炼，学会了凡事照所赐的感动，遵循神的定期而行动，不再随从自己的臆测和判断。与父相离二十年，思念殷切，迫不及待；巴不得早点把现今的成就显给父亲看，好宽慰父亲的心，以弥补自己未尽的孝道，而雅各还是选择等候神所定的时候。

随着岁月的更替，以扫在更大程度上放松了对雅各的警惕。这段时间，足够平息以扫的戒备之心，使他不再觉得雅各对其所享的长子地位有任何威胁。

雅各顺着神的指引，这才前去拜见他父亲以撒。在此我们可以发现，雅各此行恰合时宜，诸事和谐圆满。雅各按神的定期去见父亲以撒，使以撒看着全家的和睦景象，在满足的快慰中，安然挥别人生。

假如雅各迟来希伯伦，没赶上父亲的临终，岂不留下终身遗恨！一辈子让父亲操心，却未能宽慰其心，甚至错过送终，雅各将是何等痛心！以撒若是至终未见到雅各，也定然死不瞑目。

雅各顺从神的带领，神就使万事都互相效力，使雅各所行的事尽都和谐美满，无所遗恨。以撒年纪老迈，日子满足，气绝而死，享年180岁。以扫和雅各把他父亲埋葬在幔利前、麦比拉田间的洞（创世记49章29-31节）。

麦比拉田是亚伯拉罕出四百舍客勒从赫人以弗仑买妥的。该田位于神应许赐给亚伯拉罕和他后裔（创世记13章15节；17章8节）的迦南地，是他们在此地上所拥有的最初地业，这是对以色列民将来赢得应许之地迦南的标志。

直至神与亚伯拉罕所立的圣约得以实现，麦比拉洞始终唤起众人对神应许之地的迫切向往，也成为其后代子孙生命的向心点。亚伯拉罕、撒拉、利百加，还包括以撒，均葬于此地，后来利亚、雅各也同葬于此，成为亚伯拉罕家族历代祖传之坟地（创世记25章10节；49章29-33节）。

以扫家族住在西珥山

以东的后代和族长谱系

以东历代诸王和以扫所出的族长谱系

1. 以扫家族住在西珥山

以扫就是以东,他的后代记在下面:以扫娶迦南的女子为妻,就是赫人以伦的女儿亚大和希未人祭便的孙女、亚拿的女儿阿何利巴玛,又娶了以实玛利的女儿、尼拜约的妹子巴实抹。亚大给以扫生了以利法;巴实抹生了流珥;阿何利巴玛生了耶乌施、雅兰、可拉。这都是以扫的儿子,是在迦南地生的。以扫带着他的妻子、儿女与家中一切的人口,并他的牛羊、牲畜和一切货财,就是他在迦南地所得的,往别处去,离了他兄弟雅各。因为二人的财物群畜甚多,寄居的地方容不下他们,所以不能同居。于是,以扫住在西珥山里;以扫就是以东。(36章1-8节)

以扫并不珍重长子的福分。身为长子竟然轻忽神的圣言,甚至为一碗红豆汤誓言长子名分归给雅各,后来又娶了外邦女子为妻。以扫若是重看长子的名分,一定会在自己民族中选妻,确保家族血统的纯正。然而他娶了赫人以伦的女儿亚大和希未人亚拿的女儿阿何利巴玛为妻,她们都是沉迷偶像崇拜的外邦种族的女子。

后来意识到娶外邦女子会对他继承长子地位不利,便按着亚伯拉罕的血统,加娶了以实玛利的女儿巴实抹为妻。以扫从这三个妻子得了五个儿子。

然而,以扫又一次作出了愚妄之举,更加显露其对神祝福的轻忽不屑心态。他离开神应许亚伯拉罕之福地,就是他与父亲以撒同居的迦南,向自己看为美的地方迁离。毫不在意自己应得的权利,而是随意放弃,迁居异邦。

或有人认为以扫和雅各的财物甚多,那地容不下他们二人同居,于是以扫让步,把那地让与雅各,自己迁到异地去了。而实际上并非如此。以扫的迁离,使雅各顺理成章地承受应许之地为业。从中可以看出以扫对长子地位及其责任和权利的意识十分淡薄。

长子的名分并不重要,重要的是长子的资质。身为长子理应固守神的应许之地,凡事寻求神的引导,而以扫毫无这种意识。以扫领着家眷和一切财物迁居西珥山,是何利人所住之地(申命记2章12节)。

2. 以东的后代和族长谱系

> 以扫是西珥山里以东人的始祖,他的后代记在下面。以

扫众子的名字如下：以扫的妻子亚大生以利法；以扫的妻子巴实抹生流珥。以利法的儿子是提幔、阿抹、洗玻、迦坦、基纳斯。亭纳是以扫儿子以利法的妾，她给以利法生了亚玛力。这是以扫的妻子亚大的子孙。流珥的儿子是拿哈、谢拉、沙玛、米撒。这是以扫妻子巴实抹的子孙。以扫的妻子阿何利巴玛是祭便的孙女、亚拿的女儿，她给以扫生了耶乌施、雅兰、可拉。以扫子孙中作族长的，记在下面：以扫的长子，以利法的子孙中，有提幔族长、阿抹族长、洗玻族长、基纳斯族长、可拉族长、迦坦族长、亚玛力族长。这是在以东地从以利法所出的族长，都是亚大的子孙。以扫的儿子流珥的子孙中，有拿哈族长、谢拉族长、沙玛族长、米撒族长。这是在以东地从流珥所出的族长，都是以扫妻子巴实抹的子孙。以扫的妻子阿何利巴玛的子孙中，有耶乌施族长、雅兰族长、可拉族长。这是从以扫妻子、亚拿的女儿，阿何利巴玛子孙中所出的族长。以上的族长都是以扫的子孙；以扫就是以东。(36章9-19节)

以扫的子孙灭了当地土著何利人，定居西珥山，后来形成大族群，别称"以东"人。以东本是以扫的别称，意为"红"，因为身体发红，后成为以扫的子孙的专称（创世记25章）。

以扫从赫人妻子亚大所生的长子以利法，生了提幔、阿抹、洗玻、迦坦、基纳斯，又通过妾室亭纳生了亚玛力，他们都是以东人的族长。上述谱系中有一个人物值得关注，就是以利法通过亭纳所

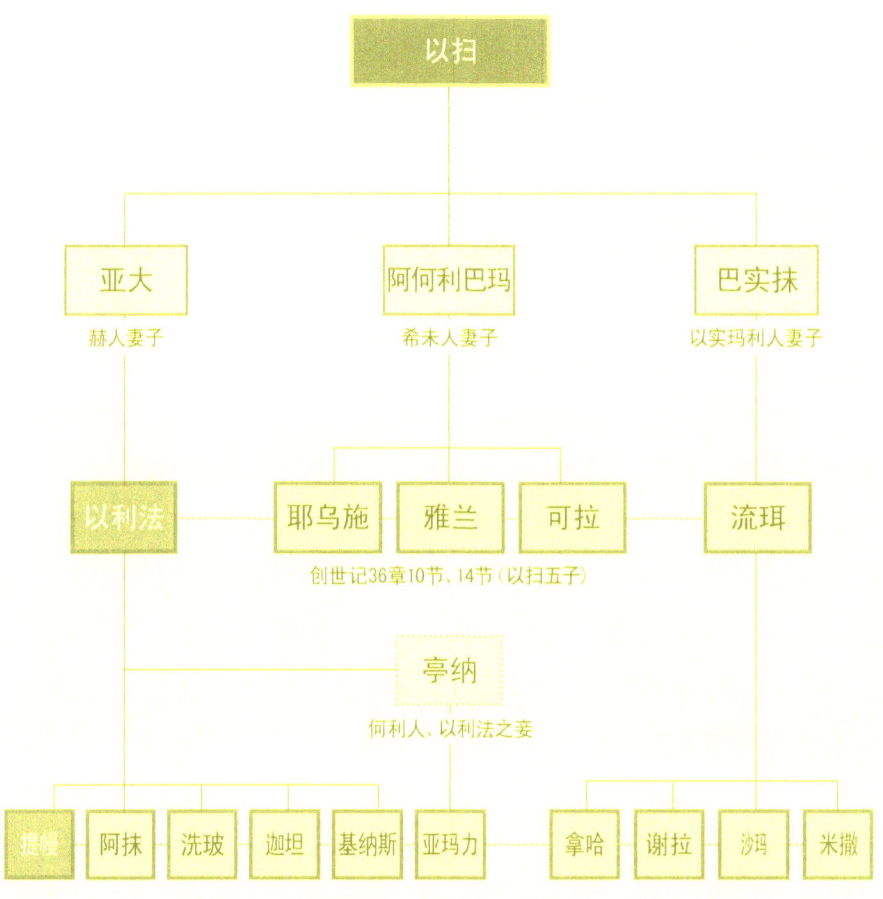

生的庶子亚玛力。

亚玛力人，后来当出埃及的以色列民在旷野利非订安营时，以卑劣的手段发动攻击。他们趁以色列民疲乏困倦，偷袭尽后边的老弱病残者。神向他们发怒起誓"必世世代代和亚玛力人争战"（出埃及记17章16节）。且吩咐以色列民不可忘记，要将亚玛力的名号从天下涂抹（申命记25章17-19节）。

以扫的妻子、以实玛利人巴实抹的儿子流珥生了拿哈、谢拉、沙玛、米撒；以扫的妻子、希未人阿何利巴玛给以扫生了耶乌施、雅兰、可拉，他们都是以东人的族长。

以扫虽然随自己的意思，离开本地移居外邦，但其族系仍得以承续，形成了以东王国。因为以扫也是亚伯拉罕和以撒的后裔，所以神使以扫的后裔兴旺发达，就像记念亚伯拉罕，使以实玛利的子孙也兴旺发达一样。然而他们所得的福分，仅仅止于肉体的层面。

以扫的子孙，即以东人与西珥山居民通婚，渐渐偏离传统，最终沦为与神毫不相干的种族。他们与神的选民无缘，反形成选民以色列周边的干扰因素，充当神对人类的耕作所需的一种工具。

这是他们自己的选择。虽然长子的福分已归于雅各，神对选民的旨意在于以色列人，但以扫和他的子孙若不离开神，神的恩典也必不离开他们。他们必得与选民以色列同享侍奉神的邦国所应蒙的尊荣美福。

可惜他们远离神恩，沉迷于淫风败俗，沦为与神隔绝的外邦族类。这样，以扫和他的子孙叛离他们的神，偏行己路，与神的祝福隔绝。于是，看透人心预知将来的神，起初便拣选雅各作选民以色列的始祖，而非以扫。

所以，我们当爱慕神的祝福，不能先求肉体层面的福分，要把救恩的福分，以及神为祂的子民所预备的属灵福分当作第一要紧的。领受了属灵福分，灵魂得以兴盛，家庭、工作、事业上的福分也就随之而来。

然而有的人却专注肉体上的福分，轻忽属灵的福分。不求心灵圣洁，也不求爱神更深，顺着贪欲，专求财富、名誉等肉体上的福分。

他们嘴上靠神，却顺着私欲，照自己的筹谋行事，屡屡碰壁受挫，继而抱怨神的祝福没有应验，甚者离开神（希伯来书12章16节）。这样的人是没有分辨，不知何为珍重，和为一碗红豆汤卖长子名分的以扫并无两样（希伯来书12章16节）。

还有的人蒙了肉体上的福分，就志得意满，开始贪图安逸，灵里变得怠惰懒散。故我们若想得到完整的福分，即灵肉兼得的福分，务要灵里作小孩子，爱慕那纯净的灵奶（彼得前书2章2节）。

3.以东历代诸王和以扫所出的族长谱系

那地原有的居民何利人西珥的子孙记在下面：就是罗坍、朔巴、祭便、亚拿、底顺、以察、底珊。这是从以东地的何利人西珥子孙中所出的族长。罗坍的儿子是何利、希幔；

罗坍的妹子是亭纳。朔巴的儿子是亚勒文、玛拿辖、以巴录、示玻、阿南。祭便的儿子是亚雅、亚拿。当时在旷野放他父亲祭便的驴，遇着温泉的就是这亚拿。亚拿的儿子是底顺；亚拿的女儿是阿何利巴玛。底顺的儿子是欣但、伊是班、益兰、基兰。以察的儿子是辟罕、撒番、亚干。底珊的儿子是乌斯、亚兰。从何利人所出的族长记在下面：就是罗坍族长、朔巴族长、祭便族长、亚拿族长、底顺族长、以察族长、底珊族长。这是从何利人所出的族长，都在西珥地，按着宗族作族长。以色列人未有君王治理以先，在以东地作王的，记在下面：比珥的儿子比拉在以东作王，他的京城名叫亭哈巴。比拉死了，波斯拉人谢拉的儿子约巴接续他作王。约巴死了，提幔地的人户珊接续他作王。户珊死了，比达的儿子哈达接续他作王。这哈达就是在摩押地杀败米甸人的，他的京城名叫亚未得。哈达死了，玛士利加人桑拉接续他作王。桑拉死了，大河边的利河伯人扫罗接续他作王。扫罗死了，亚革波的儿子巴勒哈南接续他作王。亚革波的儿子巴勒哈南死了，哈达接续他作王。他的京城名叫巴乌，他的妻子名叫米希他别，是米萨合的孙女，玛特列的女儿。从以扫所出的族长，按着他们的宗族、住处、名字记在下面：就是亭纳族长、亚勒瓦族长、耶帖族长、阿何利巴玛族长、以拉族长、比嫩族长、基纳斯族长、提幔族长、米比萨族长、玛基叠族长、以兰族长。这是以东人在所得为业的地上，按着他们的住处，所有的族长，都是以东人的始祖以扫的后代。(36章

20-43节)

以东地原有的居民何利人,本是死海西南处西珥山一带的原始种族。他们在亚伯拉罕时代第一次遭以拦王基大老玛征伐(创世记14章5、6节),后来被以扫子孙所灭(申命记2章12节;22节)。

何利人西珥的子孙包括罗坍、朔巴、祭便、亚拿、底顺、以察、底珊,这七人在以东地作了何利人的族长。罗坍生了何利、希幔和亭纳;朔巴生了亚勒文、玛拿辖、以巴录、示玻、阿南;祭便生了亚雅、亚拿。

西珥的儿子亚拿生了底顺和女儿阿何利巴玛;底顺生了欣但、伊是班、益兰、基兰;以察生了辟罕、撒番、亚干;底珊生了乌斯、亚兰。这些何利族长直至被以扫子孙所灭,分别治理自己的辖区,生活在死海一带。

以扫的子孙自征服何利人,定居西珥山一带后,人口剧增,超过雅各子孙,建立王政之治,得享繁荣昌盛。在雅各的子孙以色列民实施君王统治以先,以东就已具备了王政体制。

31节以下记载以扫的子孙中有八人作了以东国王。先是比珥的儿子比拉在以东作王,后有约巴,户珊接续作王。户珊死了,比达的儿子哈达继位,曾在摩押地杀败米甸人。后有桑拉、扫罗、巴勒哈南、哈达相继作了以东王。

40节以下,以扫子孙作族长的,按着他们的宗族、住处,有亭纳、亚勒瓦、耶帖、阿何利巴玛、以拉、比嫩、基纳斯、提幔、米比萨、玛基叠、以兰。他们都是以东地的族长,所辖地名和他们的人名一样。

他们以山岳地带西珥为背景,自主统治诸多部落城邦。繁茂昌盛的以东人最终在以色列民出离埃及,定居迦南时遭到驱逐。

约瑟惹起哥哥们的嫉恨
雅各把约瑟的异梦存在心里
约瑟寻找放羊的哥哥们
哥哥们同谋要害死约瑟,流便劝阻
因着犹大的建议,约瑟被卖到埃及
众子谎报约瑟凶信与雅各

1. 约瑟惹起哥哥们的嫉恨

> 雅各住在迦南地，就是他父亲寄居的地。雅各的记略如下：约瑟十七岁与他哥哥们一同牧羊。他是个童子，与他父亲的妾辟拉、悉帕的儿子们常在一处。约瑟将他哥哥们的恶行报给他们的父亲。以色列原来爱约瑟过于爱他的众子，因为约瑟是他年老生的，他给约瑟作了一件彩衣。约瑟的哥哥们见父亲爱约瑟过于爱他们，就恨约瑟，不与他说和睦的话。
>
> （37章1-4节）

神炼净雅各成为合用器皿后，使他回到应许之地，乃要藉着他成就神的旨意，就是成就选民以色列。神为此选择一个关键人物。

神要藉着这人，奠定雅各和他的家眷将来在埃及成为大族的环境基础。这人便是雅各的第十一个儿子约瑟。按着灵意，约瑟当是雅各的长子，况且他具有卓越的内心品质，是十二个儿子中最适合的人选。

约瑟生于哈兰，幼年随父移居迦南，早年丧母拉结。约瑟时下十七岁，像父亲雅各一样聪明睿智，容貌俊秀，信仰深固，而且谨遵父亲的训诲。

雅各爱约瑟过于爱他的众子。约瑟不仅是雅各年迈所得的骨肉，又是爱妻拉结头生的儿子，故爱怜有加，照顾得无微不至，甚至独作彩衣给他穿。

从雅各的角度说，这是出于对约瑟的爱，殊不知这反而给约瑟埋下了祸根。正如经上所说"约瑟的哥哥们见父亲爱约瑟过于爱他们，就恨约瑟，不与他说和睦的话"，雅各的偏爱和专宠，造成约瑟遭哥哥们嫉恨的原因。

雅各虽然经过熬炼，自我得以破除，生命得以更新，但离至善的境界仍有一定的距离，因而呈现出这种属肉偏向。当然按雅各当时的水准，可能还领悟不到这一层面。但他这一偏向，寻根究底是因未能以更宽大的胸怀、宏观的视野去思考问题并设身处地顾念众子的感受。就是缺少属天的智慧，即从神而来的善的智慧（雅各书3章17、18节）。

加上约瑟经常将他哥哥们的恶行报给父亲，进一步刺激哥哥们对他的嫉恨。哥哥们认为弟弟在背地里告他们的状，觉得可恨。当然，约瑟这样作并非出于恶意。

年轻的约瑟生性良善，内心正直。他认为把哥哥们的恶行报给父亲是善义之举，因为他爱父亲雅各，希望哥哥们早日改邪归正，不再伤父亲的心。

尽管如此，约瑟毕竟是自义当先，未能以仁德与爱心，遮掩哥哥们的过犯。约瑟从父亲领受的真理所打造的自义和固定观念，成为兄弟间不睦的要因，给哥哥们带来了伤害。约瑟所谓的"义举"，反而触怒哥哥们，无意中酿成了离间父亲和他众子的结果。

但这不是说要一味地遮掩人的过犯。当然，将走向败坏的人引入正道；训导羞辱神荣耀的人悔罪归正，以维护神国，挽救灵魂，乃是我们当行的，亦是值得嘉许的。

在此，重要的是心态。行义固然是好，但凭着自义去论断不义之人，或急于揭人之过，是爱心和德行欠缺的表现。故我们在指正别人错误之先，要有切望他人离罪归正的胸怀。

有了这样的爱心，就可以用柔和的方式，领人醒悟悔过，心被恩感，更新变化。而约瑟却经常报哥哥们的恶行与父亲，愈发刺激哥哥们因父亲对小儿子的偏爱而积蓄的愤懑情绪。

2.雅各把约瑟的异梦存在心里

> 约瑟作了一梦，告诉他哥哥们，他们就越发恨他。约瑟对他们说："请听我所作的梦：我们在田里捆禾稼，我的捆起来站着，你们的捆来围着我的捆下拜。"他的哥哥们回答说："难道你真要作我们的王吗？难道你真要管辖我们吗？"他们就因为他的梦和他的话，越发恨他。后来他又作了一梦，也告诉他的哥哥们说："看哪，我又作了一梦，梦见

太阳、月亮与十一个星向我下拜。"约瑟将这梦告诉他父亲和他哥哥们,他父亲就责备他说:"你作的这是什么梦!难道我和你母亲、你弟兄果然要来俯伏在地,向你下拜吗?"他哥哥们都嫉妒他,他父亲却把这话存在心里。(37章5-11节)

约瑟在信仰上尚不完全,以自义为先,还有炫示自己和要得专宠的心。有一天约瑟作了个异梦,就得意地讲给哥哥们。

他开口第一句话就是"请听我所作的梦",略显直硬的语气中透着些许傲气和得意,暗含着自负和轻视的心态。

当时约瑟应该知道那异梦所隐含的意义,而且应该也料到哥哥们听了之后会有怎样的反应,却耐不住炫示自己的欲望,一吐为快。

那异梦是这样的:约瑟同哥哥们在田里捆禾稼,约瑟的捆起来站着,哥哥们的捆来围着约瑟的捆下拜。约瑟指着哥哥们说"你们",是很不礼貌的。梦的内容本来哥哥们就不爱听,又加上语气和态度不谦虚,哥哥们对约瑟更是憎恶厌恨。

于是哥哥们对他态度就更凶,说:"难道你真要作我们的王吗?难道你真要管辖我们吗?"哥哥们因着那梦和他的话就越发恨恶他。面对哥哥们这等反应,约瑟理应有所收敛,而他毫不在意哥哥们的感受,后来又作一梦,照样向哥哥们夸示。

这第二个梦，是约瑟梦见太阳、月亮与十一个星向他下拜。意思很清楚：是他的十一个兄弟，甚至他的父母，将来要向他下拜。哥哥们听着心里更是懊恼不已。

约瑟却仍旧漠视哥哥们的反应。甚至又去对父亲讲述这梦，意在要得父亲的夸赞。从中可以见出约瑟炫示自己并喜欢得人赏识的心态。

父亲雅各听了约瑟的话，就责备他说："你作的这是什么梦！难道我和你母亲、你弟兄果然要来俯伏在地，向你下拜吗？"在父亲那里，约瑟非但没得到夸赞，反而受了责备。

那么，雅各为何责备约瑟呢？莫非因梦的内容逆耳所致？实因约瑟那副炫示的态度，雅各感觉约瑟有些忘乎所以。

雅各是要提醒约瑟明白：这样的事可以私下里跟父亲说，不应该如此张扬，惹起哥哥们的嫉恨；并要使他反省炫示自己和轻视别人的心。

雅各虽然责备约瑟，但把约瑟的话放在了心里。责备约瑟，一方面是担心约瑟的举动引发哥哥们的妒恨，另一方面是要平息众子的怨怒。

但为时已晚，因为雅各的偏爱，使众子对约瑟的嫉恨随着时间的推移而变得越发深固。这种积怨，非靠雅各对约瑟的几句责备所能消解。

假如约瑟的梦得以实现，那么雅各必要向约瑟俯伏下拜。即便那样，雅各也是情愿，毫无其它顾虑，乃因爱约瑟的缘故。爱里没有嫉妒，别人得好处，定会一同欢喜快乐。

然而哥哥们恰恰相反。他们因父亲的偏心而向弟弟怀怨，更是容不下弟弟高过他们而居首位。

3. 约瑟寻找放羊的哥哥们

> 约瑟的哥哥们往示剑去，放他们父亲的羊。以色列对约瑟说："你哥哥们不是在示剑放羊吗？你来，我要打发你往他们那里去。"约瑟说："我在这里。"以色列说："你去看看你哥哥们平安不平安，群羊平安不平安，就回来报信给我。"于是打发他出希伯仑谷，他就往示剑去了。有人遇见他在田野走迷了路，就问他说："你找什么？"他说："我找我的哥哥们，求你告诉我他们在何处放羊。"那人说："他们已经走了，我听见他们说要往多坍去。"约瑟就去追赶他哥哥们，遇见他们在多坍。(37章12-17节)

这段经文的内容又是雅各偏爱约瑟的一个写照。哥哥们到示剑去放羊时，约瑟留在他父亲身边，说明雅各不忍心让约瑟干粗累脏活。哥哥们自然心怀不满，对约瑟嫉嫌更甚。

这天，雅各打发约瑟去看看哥哥们和他的群羊平安不平安，就回来报信给他。这里除了探知儿子们情况的意图外，还有安抚在外辛苦放羊的儿子们的想法，尤其是希望借此机会能使约瑟和哥哥们重归于好，和睦共处。

雅各早就看出众子对约瑟怀有厌恶情绪。他想差约瑟去替他传递安慰的话，或能缓解儿子们的积怨。约瑟遵着父亲的吩咐去寻找哥哥们，而他此时的心态却与父亲的期望相悖。

因得了父亲让他去慰问哥哥们和群羊的差使，约瑟心中更是得意。喜欢炫耀自己的人，受人器重，得委重托，就会趾高气扬，洋洋自得。约瑟本有炫示自己的心，当下受了父亲的"重托"，便更是自命不凡。

约瑟遵着父命前往示剑。找到哥哥们并不顺利，因为他们寻逐牧草水源，四处游移不定。

约瑟在田野迷了路，幸好遇见一个路人问他说："你找什么？"约瑟向此人询问他哥哥们的下落。细思二人对话，似乎两相深谙内情。

田野上遇见的那人，不问约瑟"为何在此彷徨"，而是问"你找什么"，似乎知道约瑟的目的。

从约瑟的角度说，并不确定此人与他哥哥们有否交情，更不确定其知否他哥哥们的行踪，而约瑟很自然地向那人求问他哥哥们在何处放羊。那人随即应答说他们往多坍去了。仿佛一切都预先安排好了似的。

若是约瑟没有遇见那人，一定会在田野越走越迷，定是寻不着他哥哥们，无果而归。若是这样，约瑟就不会被卖至埃及为奴，更不会在埃及经受十三年的熬炼。

当然，即便如此，约瑟仍必从别的途径承受他应受的熬炼。然而约瑟已被神放在祂的计划中，当下正是约瑟应见他哥哥们的时候，神不会任其在田野徒然彷徨，差遣一个人去指引约瑟找到他哥哥们。

这人实为神所差来的天使。在约瑟的眼里他只是一个路人，因为神照祂的能力将天使化为人形显于人间。天使指引约瑟到他哥哥们那里。约瑟的命运由此骤变，陡然转入熬炼的境地，而这正是他为成就神旨意的必由之路。

这是神向他亲手施行的熬炼。通过所赐的异梦，怀抱远大梦想的约瑟，经过长久的熬炼，破除自义并除净轻视和浮夸等属性，得进至善的境界。神使约瑟经历熬炼，是因预知他必借以得到全新的改变。可见，熬炼是神的祝福，实现梦想的途径。

4.哥哥们同谋要害死约瑟，流便劝阻

> 他们远远地看见他，趁他还没有走到跟前，大家就同谋要害死他，彼此说："你看！那作梦的来了。来吧！我们将他杀了，丢在一个坑里，就说有恶兽把他吃了，我们且看他的梦将来怎么样。"流便听见了，要救他脱离他们的手，说："我

们不可害他的性命。"又说:"不可流他的血,可以把他丢在这野地的坑里,不可下手害他。"流便的意思是要救他脱离他们的手,把他归还他的父亲。约瑟到了他哥哥们那里,他们就剥了他的外衣,就是他穿的那件彩衣,把他丢在坑里,那坑是空的,里头没有水。(37章18-24节)

约瑟前往多坍去找他的哥哥们。哥哥们认出约瑟远处的身影,趁他还没有走到跟前,大家就彼此商议说:"你看!那作梦的来了。来吧!我们将他杀了,丢在一个坑里,就说有恶兽把他吃了,我们且看他的梦将来怎么样。"

很显然大家对约瑟早已心怀杀意。他们既不想知道约瑟此行的目的,也不想看约瑟待他们的态度如何,就急于彼此商定害他的阴谋。大家合谋要将约瑟杀了,丢进一个坑里,然后谎称他被恶兽吃了。

哥哥们讥诮约瑟是个"作梦的",可知他们欲害约瑟的最大动因不在别处,而在于约瑟的梦。他们害怕那梦实现,以致将来他们甚至他们的父亲真要向约瑟下拜。可见这梦给他们带来的伤害极大。

这样,他们虽然要谋害约瑟,却仍要证明他们行为的合理性,理由是:约瑟过于自大张狂,连自己的兄弟和父亲都不放在眼里,该受相应的惩罚。事已至此,约瑟只有死路一条。

而就在此时，长兄流便挺身而出，劝阻大家不可害约瑟的性命，说"不可流他的血，可以把他丢在这野地的坑里，不可下手害他"。其实流便也并不喜欢约瑟，但他仍要极力救他一命，这又是何故？

从前流便与父亲的妾通奸，而父亲雅各并没有揭露和责罚他们的罪过，只是默默忍耐并等候他们自觉悔罪改过（创世记35章22节）。流便心里十分清楚这一点。

曾蒙父亲赦罪大恩的流便，想到约瑟的死将给父亲带来的怆痛，便不能再沉默下去了。而他知道自己当下冒然制止兄弟们是行不通的，便提议大家不要下手害他，只管把他丢在坑里。

兄弟们觉得有理，便同意流便的提议。他们想：把约瑟丢在坑里，不久后必死；手不沾血而达成目的，何乐而不为！坑底通常有积水，把人剥光了衣服再丢进去，按旷野的气候特性，人是活不了多长时间的。

大家把约瑟身上的彩衣给脱了，将他生生丢进坑里。好在那是无水的空坑，这也是神预先安排好的，旨在保全约瑟的性命。生死祸福乃掌控在神的手中，神若不许，无人可以害约瑟的性命。

5. 因着犹大的建议，约瑟被卖到埃及

> 他们坐下吃饭，举目观看，见有一伙米甸的以实玛利人从基列来，用骆驼驮着香料、乳香、没药，要带下埃及去。犹

> 大对众弟兄说:"我们杀我们的兄弟,藏了他的血,有什么益处呢?我们不如将他卖给以实玛利人,不可下手害他,因为他是我们的兄弟,我们的骨肉。"众弟兄就听从了他。有些米甸的商人从那里经过,哥哥们就把约瑟从坑里拉上来,讲定二十舍客勒银子,把约瑟卖给以实玛利人。他们就把约瑟带到埃及去了。(37章25-28节)

神知道约瑟应在怎样的境遇中,经历怎样的熬炼,才能具备作埃及宰相的资质。由此,神亲手引领约瑟走上最适合他的生命历程。

将约瑟丢进坑后,他们坐下吃饭,举目看见有一伙以实玛利人正带着货品下往埃及。以实玛利商人的出现恰当其时,与当时的事态境况完美契合。

这伙商人所驮往埃及的货物都是香料、乳香、没药等重价的商品,他们显然不是普通商贩,而是涉足贵族阶层的富商大贾。正因如此,约瑟才有可能被卖给埃及法老的内臣,护卫长波提乏家。

约瑟作了法老内臣波提乏的家奴,向他将来登上埃及宰相的高位迈了第一步。从现实上看,他是被卖为奴,而从灵里看,则是他将来作埃及宰相的一个跳板。这一切的过程尽在神的旨意中,无不在于神细致入微的引领。

当时把约瑟卖至埃及起到关键作用的人物是犹大。他劝大家说:杀我们的兄弟,藏了他的血,毫无益处,不如将他卖给以实玛利人。并强调约瑟是他们的兄弟骨肉。众弟兄听从犹大,约瑟才得以活命。以实玛利人给了他们二十舍客勒银子，就把约瑟带到埃及去了。

要使雅各的十二个儿子发展成大族群，形成以色列国，要有一个可供他们打基础、得繁衍的安全地域，那就是埃及。神拣选约瑟作成就祂这一美意的器皿；而许可约瑟同父异母的兄弟们卖约瑟到埃及，也是旨在成就这一美意。然而，他们是充当了行恶的角色，流便和犹大虽然出面挽救了约瑟的性命，减轻了他们的恶业，但毕竟也是同流合污，染指这桩恶事。

神若不许，人将一事无成。然而人行善行恶非神所定，全在乎人自由意志的选择。人被神所用，充当何种角色，全在乎各人内心品质的优劣和器皿的好坏。人按着心里所存的善恶，或成为行善的器皿，或成为行恶的工具。

6. 众子谎报约瑟凶信与雅各

流便回到坑边，见约瑟不在坑里，就撕裂衣服，回到兄弟们那里说："童子没有了! 我往哪里去才好呢?"他们宰了一只公山羊，把约瑟的那件彩衣染了血，打发人送到他们的父亲那里，说："我们捡了这个，请认一认，是你儿子的外衣不是?"他认得，就说："这是我儿子的外衣，有恶兽把他吃了，约瑟被撕碎了! 撕碎了!"雅各便撕裂衣服，腰间围上麻布，为他儿子悲哀了多日。他的儿女都起来安慰他，他却不肯

> 受安慰,说:"我必悲哀着下阴间到我儿子那里。"约瑟的父亲就为他哀哭。米甸人带约瑟到埃及,把他卖给法老的内臣,护卫长波提乏。(37章29-36节)

犹大说服众兄弟把约瑟卖给以实玛利人时,流便不在场。流便回来见约瑟不见了,大大惊骇。

他悲痛地撕裂衣服,向兄弟们说:"童子没有了!我往哪里去才好呢?"木已成舟,无可挽回。身为长子,他不知该如何处置这件事。本想极力要救约瑟脱离他们的手,可此时约瑟不见了,他一筹莫展。

摆在他们面前的只有两种选择,一是向父亲雅各坦白一切,二是编造谎言,掩盖他们的罪行。他们选择了后者,宰了一只公山羊,把血涂在约瑟的彩衣上,送到他们的父亲那里,叫他辨认那是约瑟的外衣不是。杀弟未遂,将其卖之为奴,终又欺父逃罪,可谓恶上加恶,罪上加罪。

雅各一眼就认出那血染的彩衣便是他爱子约瑟的。大为震惊,撕裂衣服,腰间围上麻布,为他儿子悲哀了多日。

此时雅各若是克制情绪,稍微冷静地察问,就不会那么轻易上儿子们的当;十个儿子要想统一口径,绝非易事,仔细盘问,必露出破绽来。

然而雅各因失去约瑟的怆痛过大,瞬间失了理性判断力。只凭约瑟染着血的外衣,就信约瑟已亡,陷入沉痛。儿女们都起来安慰，他却不肯受安慰。

因看见父亲雅各至终都是倾心偏宠于约瑟，众子对自己的恶行，非但了无愧疚之感，反而觉得毫不理亏。

雅各说："我必悲哀着下阴间到我儿子那里。"意思是"我与约瑟同死"。雅各是信神的人，对爱子的"死"无论怎样悲痛，也不该如此说。

爱妻拉结死后，雅各将全部的爱倾注与约瑟，而今约瑟也不在了，其悲哀之深，可想而知。但不论怎样，从属灵的角度看，雅各的这话是完全偏离了信仰。

神所赐予雅各的异象是宏大的。雅各身负着为将来以色列民族的成形奠定基础的重要使命。可他因丧子的悲痛，竟忘却了神的重托，竟然表示要与子同死，这在神面前是极不妥当的。

雅各在雅博渡口彻底破除老我后，生命有了很大的改变，但面对巨大的悲怆，其信仰水准赤裸显露，与祖父亚伯拉罕的信仰形成鲜明的对比。

亚伯拉罕公私分明，无论何时都将神家的事放在首位。生以撒之前，亚伯拉罕从撒拉的使女夏甲生了以实玛利。

亚伯拉罕一样疼爱以实玛利和以撒，对待两个儿子，从不偏向一方。当他考虑到，为了成就神的旨意，不能让以实玛利与以撒同居，就打发夏甲和以实玛利往东方去。不为私情所累，断然遵从神的旨意。

当神吩咐他献以撒为燔祭时，也不以私情为重，而是绝对的顺从。他这样行，非因绝情，也非无爱。他比任何人都多情，博爱，但对神的旨意，他始终持定公私分明的态度。这是因为他彻底离绝了邪情私欲（加拉太书5章24节）。

我们作神的工，不可徇私情，偏私心。信实且爱神的人，关心主内的弟兄姊妹，会过于自己的家人亲属。

但这不是说我们可以忽略自己的家人，乃是强调不能体贴肉体，倾向自私。

查考圣经，亚伯拉罕无论何时何境都没有存过"担子过重，难以承受"的念头。他曾领受神的约言"我必叫你成为大国。我必赐福给你，叫你的名为大，你也要叫别人得福"，这又是神赋予他的使命重托。

亚伯拉罕深知，为此需要付出怎样的代价。按肉体说，这是难以承受的重担。若没有这个使命，亚伯拉罕就用不着打发以实玛利走，也无须经受献以撒为燔祭的试验，而且不必使后妻基土拉所生的六个儿子分家独立，迁居东方。若不是这一使命，亚伯拉罕晚年可以尽享子孙满堂的天伦之乐。

然而，亚伯拉罕为了所托付于自己的使命和神在以撒身上的旨意，甘心丢弃万事。从雅各的言语和行动看，他的信仰水准远不及亚伯拉罕。因着一己之悲，雅各居然将神所托付于自己的使命圣工弃之不顾。

言归正传，米甸商人把约瑟卖给埃及法老的大臣、护卫长波提乏。一个集父亲的宠爱于一身，在家中养尊处优的人，猝然一落千丈，沦为异国之奴。约瑟是否因这突如其来的厄运而悲观绝望？恰恰相反。

约瑟坚信神所赐的异梦必定实现，在长久的试炼中，未曾有过一丝摇动。现实环境似乎越来越不容乐观，而约瑟的信志反而越发夯实坚定。

雅各第四子犹大的信仰

临到犹大后代的咒诅

犹大和儿妇他玛

犹大的儿子法勒斯和谢拉

1. 雅各第四子犹大的信仰

> 那时，犹大离开他弟兄下去，到一个亚杜兰人名叫希拉的家里去。犹大在那里看见一个迦南人名叫书亚的女儿，就娶她为妻，与她同房，她就怀孕生了儿子，犹大给他起名叫珥。她又怀孕生了儿子，母亲给他起名叫俄南。她复又生了儿子，给他起名叫示拉。她生示拉的时候，犹大正在基悉。
> （38章1-5节）

我们读约瑟的故事到创世记第38章的时候，圣经突然插叙有关犹大的内容。这里有着重要的属灵意义。

约瑟被卖到埃及的事件，成为以色列人在埃及形成大族，成为神选民的一个重要起点。以色列人后来在埃及历经400年奴役，形成大族群，继而成为大国，正是由此事件为开端。

以色列民从埃及为奴之家获得解放，被领进应许之地迦南的整个过程，预表基督耶稣救赎人类的圣工。

预表因罪而沦为魔鬼、撒但之奴仆的我们，蒙耶稣基督赦罪之恩，出离黑暗，进入光明，即活出神的光明之道，最终得进天国，享永生福乐。

因此，约瑟被卖到埃及，不仅是他个人造就全备器皿熬炼的开始，也是神成就祂宏大旨意的开启。

讲到这一情节，圣经突然提到犹大和他儿女的事。创世记38章的内容所记的不只是一个人物不幸的经历，而是为那将要来的弥赛亚耶稣设置的伏笔。

启示录5章5节记载，"长老中有一位对我说：'不要哭！看哪，犹大支派中的狮子，大卫的根，他已得胜，能以展开那书卷，揭开那七印'"显明全人类的救主耶稣，就是出身犹大支派大卫的后裔。

弥迦书5章2节说："伯利恒以法他啊，你在犹大诸城中为小。将来必有一位从你那里出来，在以色列中为我作掌权的；他的根源从亘古，从太初就有。"预示弥赛亚将出于犹大族系，即耶稣谱系起自雅各的十二个儿子之一犹大。

当然，因圣灵感孕而降世的耶稣不存在血统或族谱关系，但为了道成肉身，降世为人，需要循从肉身的族系。照着旧约的预言，耶稣出生于犹大支派，是要证实为经上所应许的弥赛亚。

雅各的众子从父亲口中了解到神是"必照所说的成就、必照所行的报应人"的信实的神。然而受了同样的教诲，各人的品质和信仰却有分别。

约瑟在试炼中向神持守虔敬，并且专心靠赖信实的神。不论何时何境都没有得罪神，不忘乎所赐的异梦。而约瑟哥哥们的信仰却大相径庭。从创世记38章的内容中可以推知他们的信仰状态。文中独写犹大一人，但这是其兄弟们当时信仰状态的一个缩影。

犹大虽听闻关乎神的知识，却并没有从心里领受。虽照常向神献祭，但不作弃恶的工夫，随自己的意思侍奉神。他娶迦南人书亚的女儿为妻，已充分说明这一点。

他一定知道父亲雅各或祖父以撒在择偶问题上如何慎重，却仍随自己的意欲，娶外邦女子为妻，表明其信仰还未及能够行道的水准。那么，犹大从外邦女子所生的儿子们，其信仰光景如何，可推而知之。受外邦人的淫风败俗和罪恶的影响，他们可能连最起码的信仰都未能守住。

神严禁他们与外族通婚，恐怕染上他们拜偶像的风气。况且结婚是人生大事，犹大却不与父亲雅各禀告，一意孤行。如果预先询问父亲，就可以避免与外邦女子结亲，其家族的悲剧也就不会发生。

犹大不与父亲商榷，非因不明神的旨意，其娶外邦女子，纯属明知而为。这就体现出头脑认知和心里相信的差异：后者能因信顺从，前者则难以为之。真理懂得再多，若不除去心中的恶，必顺着私利和情欲的牵引而失迷真道，像犹大那样偏行己路。

2.临到犹大后代的咒诅

> 犹大为长子珥娶妻,名叫他玛。犹大的长子珥在耶和华眼中看为恶,耶和华就叫他死了。犹大对俄南说:"你当与你哥哥的妻子同房,向她尽你为弟的本分,为你哥哥生子立后。"俄南知道生子不归自己,所以同房的时候,便遗在地,免得给他哥哥留后。俄南所作的在耶和华眼中看为恶,耶和华也就叫他死了。犹大心里说:"恐怕示拉也死,像他两个哥哥一样",就对他儿妇他玛说:"你去,在你父亲家里守寡,等我儿子示拉长大。"他玛就回去住在她父亲家里。(38章6-11节)

犹大悖着神的旨意与迦南女子结婚,生了三个儿子,分别为珥、俄南和示拉。后来长子珥娶亲的时候,犹大仍旧照自己的意思而行。

这与亚伯拉罕将儿子以撒的婚事全然向神交托形成鲜明的对比。为了从自己的族系中选儿媳,亚伯拉罕将自己最为信赖的老仆人差往哈兰。这位忠信的老仆人,在神的指引下,顺利得遇他主人亚伯拉罕的兄弟拿鹤的孙女利百加。

而犹大却全由自己作主,随意给儿子聘妻。而且凡家里的一切事,都由他自己一人独断。不料娶迦南女子他玛为妻的长子珥死于非命,原因是作恶,正如经上所说"珥所作的在耶和华眼中看为恶,耶和华也就叫他死了"。

对此或有人认为"神有时也会亲手杀人"，而这是一种认识上的误区。"神叫珥死了"，这类似于亚拿尼亚和撒非喇夫妇因谎瞒彼得，欺哄圣灵而受了咒诅，就地丧命的事例。

针对亚拿尼亚和撒非喇因欺哄彼得使徒而丧命，有人质疑：是否罚过其罪？他们丧命非是只一次欺骗神人，乃因长期积累罪恶，致使神的咒诅临身。

这属于一种特例。一般情况下，当人积累罪行，破了公义的底线，就会与神隔绝，不蒙保守，从而遭遇事故或灾殃。犹大的长子珥因咒诅临身猝然而亡，足以说明此人素来悖逆神而惯行恶事，罪孽深重。

犹大的长子珥生前无子，其兄弟俄南便照当地收继婚的风俗，娶了其嫂他玛为妻。"收继婚"即指弟娶寡嫂、兄收弟媳等旧时婚俗，就是妇女在丈夫死后嫁给其兄或弟的规矩。

收继婚是在重视家族血统的古代社会，因人们传宗接代的需求应时成俗的，旨在为生前没有子嗣的兄弟留后，使其家族世系得以继承和延续。

这是死者的兄、弟所应尽的义务，为此需要怜悯、仁爱与牺牲。然而俄南拒绝为哥哥珥履行这一义务，想到通过其嫂所生的孩子不能归他，便试图用欺骗的方式阻止乃嫂怀孕。

因为所作的事在神的眼中看为恶，俄南也被神治死。或有人质疑"俄南的行为有那么恶吗？"然而神称他为恶，并非单凭这件事。

圣经说明俄南的行动是出于不给他哥哥留后的动机。俄南考虑到哥哥一旦有了后嗣，长子的名分与权利自然就归于那个孩子。

于是想方设法不让其嫂怀孕，好使身为次子的自己有机会获得长子的名分。可以看出俄南心中没有一丝悯兄之情，反而充满了自私和贪婪。

再者在当时社会，断子绝孙，被视为最大的咒诅之一。俄南是宁可让自己的哥哥蒙受断绝后嗣的咒诅，也不肯放弃自己即将得到的利益。可见其心，了无半点善念。

俄南素常悖逆神，行恶不止，甚至拒绝为其兄履行当尽的义务，从而遭报而死。

犹大习惯独断专行。长子珥死后，叫次子俄南娶其嫂他玛为妻，之前并没有劝次子俄南要为亡兄履行他当尽的道义，更没有问其意向如何。完全不顾俄南的感受，专念为长子珥留后。

这是因为犹大从小带着"受害意识"成长，导致其长子为尊的观念特别强。父亲雅各专宠约瑟，甚至要委以长子的地位与约瑟，犹大心里不满，积怨成恨。犹大的这种郁愤，反映在对次子俄南的专断、严厉的态度上。

俄南心里不服，不愿意顺从父亲，就存着叛逆之心，随从贪婪与恶欲而行。虽按父亲的命令而与乃嫂同房，却暗使心计阻其受孕。

一连失去两个儿子的犹大，该轮到小儿子示拉履行为哥哥留后的义务了。犹大再不敢造次，想到两个儿子的死，可能跟他玛有关，恐怕示拉也遭遇相同的命运。

于是以示拉年纪还小为由，打发儿妇他玛到她父家守寡。说是等示拉长大再谈此事，实则无心将示拉给她。

犹大若是虔诚，应该怎样行呢？家中患难不断，理应向神求告仰赖，或者至少求问父亲雅各"神的旨意如何"。而他仍旧按照自己的想法和筹谋处事。只管打发儿妇回娘家，一点也不考虑她的处境和命运。

既然无心将小儿子给她，应当许她改嫁的自由。而犹大却只顾应付目前的窘况，以有口无心的虚假承诺，打发他玛回父家去。直至小儿子长大成人，一点音信都不给她。孤苦无依中度日的儿妇他玛，渐渐从犹大的记忆中消失。

圣经有一则故事情境与之相似，而其中的一个人物却与犹大形成鲜明的对比。就是路得的婆婆拿俄米。以色列女子拿俄米，迁居摩押地后，失去了丈夫和两个成年的儿子，家里只剩下她和她在摩押所得的两个儿妇。

有一天，拿俄米决定回到家乡以色列，就劝两个儿妇各归自己的父家。两个儿子死了，已绝了留后的指望，就准她们再婚改嫁，另谋幸福，不再为奉养婆婆的义务所累。

拿俄米若是自顾自己的处境，很难做出这样的决定。两个儿妇在身边陪伴，免得晚年孤苦伶仃。然而，拿俄米不为自身打算，先为两个年青儿妇的未来着想。

听了婆婆的相劝,大儿妇俄珥巴放声而哭,与婆婆亲嘴作别,回她父家去了。小儿妇路得则不肯离开婆婆,跟随婆婆到以色列,用无私的孝爱精诚服侍婆婆至终。拿俄米不为自身打算,先为儿妇的未来着想,而犹大自私自利,只顾自己的立场,不念儿妇的处境。

3. 犹大和儿妇他玛

> 过了许久,犹大的妻子书亚的女儿死了。犹大得了安慰,就和他朋友亚杜兰人希拉上亭拿去,到他剪羊毛的人那里。有人告诉他玛说:"你的公公上亭拿剪羊毛去了。"他玛见示拉已经长大,还没有娶她为妻,就脱了她作寡妇的衣裳,用帕子蒙着脸,又遮住身体,坐在亭拿路上的伊拿印城门口。犹大看见她,以为是妓女,因为她蒙着脸。犹大就转到她那里去,说:"来吧!让我与你同寝。"他原不知道是他的儿妇。他玛说:"你要与我同寝,把什么给我呢?"犹大说:"我从羊群里取一只山羊羔,打发人送来给你。"他玛说:"在未送以先,你愿意给我一个当头吗?"他说:"我给你什么当头呢?"他玛说:"你的印,你的带子和你手里的杖。"犹大就给了她,与她同寝,她就从犹大怀了孕。他玛起来走了,除去帕子,仍旧穿上作寡妇的衣裳。(38章12-19节)

示拉已经长大,公公却迟迟不兑现承诺,他玛甚觉委屈冤愤,后悔自己当初轻信公公之言，徒守多年之寡。

他玛不是一个简单的女人。她意识到再等也是无济于事，便想出计策要为自己谋生路：定意诱骗公公犹大为她留后。

他玛显然也是全然体贴肉体的私欲而行。她也许称自己是出于传宗接代的动机，而这只是一种狡辩，其实其真正的动机，一方面是要保住自己的既得利益，另一方面是要宣泄对公公的不满。他玛在犹大家族中具有长媳的位分，保住这一地位权利，乃是她长久忍耐和等候的动力。她判断自己唯一的出路就是为犹大家族留后，为此无论付出任何代价，她都可以与之交换。

于是她照自己精心策划的阴谋，行了一件耻辱的事。这天，犹大到亭拿剪羊毛去了。她装扮成一个妓女，趁机诱引公公与她同寝，就从犹大怀了孕。

他玛是一个心计多端的女子，处事周密无疏。她料到自己一旦怀孕，必被人指为行了邪淫，便事前借口将犹大的盖印、带子和他手里的杖收为当头，以防犹大到时抵赖不认。

4. 犹大的儿子法勒斯和谢拉

> 犹大托他朋友亚杜兰人送一只山羊羔去，要从那女人手里取回当头来，却找不着她，就问那地方的人说："伊拿印路旁的妓女在哪里？"他们说："这里并没有妓女。"他回去见犹大说："我没有找着她，并且那地方的人说：'这里没有妓女。'"犹大说："我把这山羊羔送去了，你竟找不着她，

任凭她拿去吧,免得我们被羞辱。"约过了三个月,有人告诉犹大说:"你的儿妇他玛作了妓女,且因行淫有了身孕。"犹大说:"拉出她来,把她烧了!"他玛被拉出来的时候,便打发人去见她公公,对他说:"这些东西是谁的,我就是从谁怀的孕。请你认一认,这印和带子并杖都是谁的?"犹大承认说:"她比我更有义,因为我没有将她给我的儿子示拉。"从此犹大不再与她同寝了。他玛将要生产,不料她腹里是一对双生。到生产的时候,一个孩子伸出一只手来,收生婆拿红线拴在他手上,说:"这是头生的。"随后这孩子把手收回去,他哥哥生出来了。收生婆说:"你为什么抢着来呢?"因此给他起名叫法勒斯。后来,他兄弟那手上有红线的也生出来,就给他起名叫谢拉。(38章20-30节)

日后,犹大托朋友给那女子送去一只山羊羔,要取回那当头,即盖印、带子和手杖。不料找不着那女人,并且当地人说这里没有妓女。犹大决定放弃找那女人,恐怕露出自己的羞耻来。

约过三个月,听到儿妇他玛怀孕的消息。犹大怒不可遏,吩咐人把她拉出来烧了。他玛注定难脱行淫的罪名。然而他玛差人去见公公,并拿出印和带子并杖,说:"这些东西是谁的,我就是从谁怀的孕。"

犹大恍然醒悟,承认自己的错,说:"她比我更有义,因为我没有将她给我的儿子示拉。"犹大若照约定,叫已成人的示拉娶他玛为妻,就不会发生如此荒唐的事。正是他的虚假承诺,招致了这场悲剧。

他玛生了一对双胞胎儿子，分别叫法勒斯和谢拉，后来法勒斯继承了犹大家族世系。降世为人的耶稣，在肉身上系犹大子孙，故在耶稣的谱系中出现他玛和她所生的法勒斯（马太福音1章3节）。

那么，神为何选择犹大后继雅各的正统世系，使耶稣出自犹大支派？从灵里说，雅各的长子是约瑟，在雅各众子中最为良善、内心品质最为卓越，是继承雅各宗族世系的最佳人选。然而神并未选择他，而选择了犹大。原因何在？

同父同母所生的兄弟，其品性、心志、器量各有分别，而且善恶程度也不尽相同，有的性善，得神的喜爱；有的则性恶，招神的烈怒，被咒诅而亡。有的人生于善良的父母，却有可能承传祖上恶的气质；有的人生于邪恶的父母，亦有可能接续祖上善的气质。

而且各人出生以后，如何打造自己的品性，也呈现不同的结果。参透万事的神在人性善恶并存交错之间，按时拣选心性比较良善，比较合适的人，名列耶稣的谱系。

毫无疑问，雅各的众子中内心最为良善者，非约瑟莫属。但他身负无人可以替代的重大使命，就是成为埃及的宰相，预备以色列人成为大族的道路。雅各的众子中，惟独约瑟具备赖以完成这一使命的良善品性和博大心量。

而在传承耶稣谱系的事上，神选择了犹大。比起亚伯拉罕、以撒、雅各，犹大有很多欠缺和不足，但照他的心性，在除约瑟以外的雅各众子中，可算最适合继承正统世系的人选。当兄弟们欲要害死约瑟时，他劝服兄弟们，为约瑟开了一条活路。

当自己的丑事被他玛揭露时，他也不曾试图狡辩或抵赖（创世记38章26节），而坦承自己的过犯。又据创世记44章记载，当弟弟便雅悯蒙受盗窃嫌疑，将被罚作埃及之奴的危难时刻，又是犹大挺身而出要替他作奴。犹大虽心中有各样的恶，生性算不上优良或卓越，但他还是有着追求为人道义之心志。

耶稣的降世乃因圣灵的感孕，未受任何祖上的遗传，祂的谱系从本质上说，只是一种形式。然而在耶稣谱系继传的事上，神的作工依然显得精微细致，按时选择较为良善的人来成就祂的旨意。

前面我们探讨了犹大和拿俄米的品德差异，那么这里我们再从善的层面比较他玛和路得这两个人物。也许有人说犹大和拿俄米的行为差异，是在于两者器量的不同，实乃基于心中所存之善的程度区别。

路得跟随婆婆来到陌生的异国以色列。在那里，她全然牺牲自己，诚孝奉养年迈的婆婆。按以色列土地赎回法，得与波阿斯成亲的时候，她也毫无利弊得失之念，只为一心顺从婆婆拿俄米的意思。

不求一己之富贵安乐，只求亡夫家世得以为继。她的善心得神的喜悦，神就使万事都为之效力，使她终被名列耶稣的谱系。路得的善行美德载入圣经66卷书中，并占据一个篇目，她在天上得享的尊荣地位亦是极大的。

　　而他玛却不是这样。她也许称自己之所以那样做，乃因传宗接代的责任和还以公公对她的欺骗，而这都是苍白的狡辩，无法证明其行为的正当。他玛若是向善处着想，定会通过所赐的智慧，获得其它正当的途径。
　　比如凭着属善的智慧感化犹大的心，使他转念将示拉许配与她。可是他玛动用的是属世的聪明，用不正当的手段达成了目的。她虽成功地为犹大家族留后，甚至名列耶稣的谱系，但她在天上却不能因此而得赏赐。
　　那么，神既然预知耶稣顺着犹大支派而降世，为何许可他玛事件的发生？神完全可以保守耶稣肉身的宗族世系不与这种可耻的事有涉。
　　其实这里蕴含着重要的属灵意义，就是凡进入耶稣基督里面的，不论善人还是恶人，都能罪得赦免，领受救恩。耶稣来到这个世界，不单要拯救向善之人，也要拯救那些邪恶的人，正如马可福音2章17节所说："康健的人用不着医生，有病的人才用得着。我来本不是召义人，乃是召罪人。"

　　而且神成就祂的旨意，不单拣选并使用成善之人。人之器质各有分别，有金器、银器，也有瓦器，况且人非起初就洁净，进入主里面，经过用水即神道洗净自己之后，才能合乎主用。
　　单从耶稣生于犹大谱系这一点，我们也可以获得重要教训：无论在什么条件下,我们只要藉着神的道和祈求,查验并更新自己,必能成为得神重用、成就神旨意的器皿,诸如"因为我生在不良的环境,所以如何如何……"等类的理由都是借口而已。

雅各追忆往事所作的表白

久经试炼，领悟神关于善恶的公义与慈爱的雅各，
在临终时刻，向立自己为以色列人始祖的神倾诉感恩衷肠。

当初我却愚昧无知，
不从父意，自负悖逆，
思虑盘算但凭己意，
策划谋事依赖智识，
终得醒悟一切尽是徒然无益。

我的神啊，
在熬炼的遭际中，我遇见了您，
心中顿生对您的渴望，
惟愿从我而出的后嗣，
时常记念神的心怀意旨，
殷勤成就神的圣工。

我这一生虽曾经历暴风骤雨的磨砺，
遭遇艰辛困苦的逆境，
但这一生满满的恩典与祝福，
都是从父而来！将感谢献给您！
我的神，

雅各我所拣选的，我朋友亚伯拉罕的后裔

结语1

我父的神，我祖的神，
我心爱的神啊，您造就我全新的生命，
使我在您身边得享安息。我感谢您！

我的神啊，感谢您接纳我，
赐我进入您圣所的应许，
使我此刻心里得享平安，
相信藉着我子孙后裔，必成就您的筹划，
全然成就您约定的美意。
感谢您的爱，
使我常享您的恩典，

使我哀伤的泪、隐心的痛、忧戚的悲；
与心爱之人的别离，
以及埋在我心底的一切回忆，
在我的神里面得到抚慰，化为平安，
我的神啊，我向您感恩！

您顾念我的一切，
甚至在我双眼即将合闭的时刻，
照您的计划，一切的奥秘让我预见，
藉我成就您的美意，我的神，我感谢您。

启示录所记载的以色列十二个支派

> "犹大支派中受印的有一万二千,流便支派中有一万二千,迦得支派中有一万二千,亚设支派中有一万二千,拿弗他利支派中有一万二千,玛拿西支派中有一万二千,西缅支派中有一万二千,利未支派中有一万二千,以萨迦支派中有一万二千,西布伦支派中有一万二千,约瑟支派中有一万二千,便雅悯支派中受印的有一万二千。"(启示录7章5-8节)

雅各的十二个儿子按长幼的次序分别如下:流便、西缅、利未、犹大、但、拿弗他利、迦得、亚设、以萨迦、西布伦、约瑟、便雅悯。他们接续在雅博渡口与神摔跤得胜的雅各,成为以色列民族的轴心。不过旧约圣经中的以色列十二支派,随着岁月的更替,产生了一些变化。

承负祭司圣职的利未支派除外,由以色列人成为大族群奠定基础的约瑟在埃及所生的两个儿子玛拿西和以法莲取代。这是神按着祂的旨意设定的。神早在埃及感动雅各祝福约瑟说他们"你在埃及地所生的以法莲和玛拿西,这两个儿子是我的,正如流便和西缅是我的一样"(创世记48章5节)。后来他们被列入十二支派,在迦南地分得土地为业。

故启示录7章所记录的以色列十二支派依次为犹大、流便、迦得、亚设、拿弗他利、玛拿西、西缅、利未、以萨迦、西布伦、约瑟、便雅悯。雅各的十二个儿子中，但支派被除名，由约瑟的长子玛拿西支派取而代之。但支派被除名的原因是他们率先犯了拜偶像的罪（列王纪上12章28、29节）。

启示录7章所记录的以色列人的十二支派，同创世记所记载的雅各的十二儿子的名次有所出入。因为启示录所记载的十二支派的名次是按其属灵的含义所排列的。

我们若解读十二支派的名字所包含的灵意，并顺其而行，必能达于全然成圣的境界。这样，启示录里的十二支派的名次，非按长幼的次序，乃按灵意层面的流程所记录的。

圣经里数字十二的属灵蕴意

圣经中出现的数字，通常包含着属灵意义。

例如，"三"是代表合一的数，包含着成就完全之意。神以圣父、圣子、圣灵三位一体神的形式存在；耶稣第三日死而复活；约拿三日在大鱼肚腹内；耶稣开展传道圣工前经历三次试探等，都与数字三有关。

"四"是代表苦难的数。以色列在旷野受了四十年熬炼；亚伯拉罕的后裔到了第四代出离埃及回到迦南；耶稣进入传道圣工之前禁食四十天。

"七"是代表完全的数。神七日完成了创世之工，第七日安息；乃缦元帅的麻风病在约旦河沐浴七回后痊愈；以利亚先知经过七次祷告，解除了多年的旱灾。

数字"十七"又是蕴含着"神亲手引领和成就"的意思。挪亚洪水起始日为二月十七日；挪亚方舟停在亚拉腊山上的日期为七月十七日，表明神亲自掌管和施行挪亚时代洪水灭世的审判。约瑟十七岁被卖至埃及，标志着神要在他身上所要成就的旨意正式启动。

"十二"则代表光。约翰福音11章9节里，耶稣说："白日不是有十二小时吗？人在白日走路，就不至跌倒，因为看见这世上的光"，白日为十二小时，日光最为强烈的时分，乃是正午十二点。以色列有十二支派、耶稣有十二门徒、新耶路撒冷的城墙有十二根基，还有十二珍珠门、生命树结十二种果实等，圣经经常出现十二这个数字。

因此，代表光的数字十二，是在与神的宏大旨意相关的事上出现，承载着非常重要的意义。主是真光，好比正午的阳光，是世上最明亮且完全的光。主为了成就耕作人类的旨意，道成肉身，降世为人。

神使耶稣出生于通过雅各的十二个儿子形成的选民以色列，并使耶稣选立十二个门徒，表示藉着他们将世上的真光——耶稣基督广为传开，直到地极。

十二支派十四万四千传道人和捡穗式拯救

福音传至地极，主以万王之王，万主之主的身份再来。届时，蒙恩得救的圣徒们忽然变成灵性的身体，即复活体，被提到空中，得享七年婚筵，被留在地上的人，则要承受残酷的七年大灾难。

七年大灾难时，也有传播耶稣基督之福音的人，他们是属于从以色列十二支派中分别选出一万二千的传道者。以色列人的十二支派不单指实际血统的以色列人，乃是指一切蒙神拣选的人。之所以立十四万四千这样为数众多的传道者，是因为他们传福音的期限只有七年。

他们在七年大灾难期间，身负特殊使命，为神成就拯救灵魂的旨意。使得在圣灵已被收回的时期，对救恩的盼望已绝的众人，再次得听救赎之道，获得"捡穗式拯救"。就像秋收结束后，捡拾田间的遗穗那样，虽然耕作人类的日期已满，但不愿一人沉沦的神，再次给地上的众人恩准得救的机会。

通过十四万四千传道者领受福音，归信耶稣基督的人们，一般都是通过自然灾害或战争，遭亡急速，入死极易，直接得救。

而在七年大灾难中，有一群必须以身殉道才能得救的人。他们是在主降临空中之前听信福音，却未能活出真信而未被提的人，就是"糠秕信徒"。

他们必须在严审酷刑中宁死拒绝"兽的印记"，持守信仰，才能把握最后的得救机会。然而经得起惨烈酷刑而持守救恩的人却寥寥无几。故领受福音，归信基督的人，一定要努力建立真信心，持定救恩，免得陷入七年大灾难。

满有慈爱的神，叫自己的独生爱子在十架上舍命，献作挽回祭，为人类开辟了一条得救之路。在主的复临将近的这末时，神将祂的灵厚厚浇灌我们众人，藉着爆发性的大权能，坚固我们的信心。

正如彼得后书3章8、9节所说："亲爱的弟兄啊，有一件事你们不可忘记，就是主看一日如千年，千年如一日。主所应许的尚未成就，有人以为他是耽延，其实不是耽延，乃是宽容你们，不愿有一人沉沦，乃愿人人都悔改。"愿各位读者能够领悟那愿意多赐一些得救机会与众人的神博大的慈爱，力行主道，自洁成圣，以获全备的救恩。

新耶路撒冷十二城门上写的十二个支派的名字

"城中有神的荣耀。城的光辉如同极贵的宝石,好像碧玉,明如水晶。有高大的墙,有十二个门,门上有十二位天使;门上又写着以色列十二个支派的名字。"(启示录21章11、12节)

启示录21章记载明亮如水晶、遍满神荣耀的至美圣城新耶路撒冷的状貌。城的规模宏大,长宽高皆为四千里(韩文圣经为六千里,根据韩国度量衡),呈正方体,城墙有十二珍珠门,城中的街道是精金。那么,在十二珍珠门上写有以色列十二支派的名字的原因是什么?

人类的始祖亚当因悖逆神的罪,被逐出伊甸园到这地上,生养众多,遍满地面。而罪恶在世上快速蔓延,甚至到了神后悔在地上造人的地步。亚当犯罪过了一千六百年,地上的人类遭受洪水灭世的审判,只有在当世堪称义人的挪亚和其家人得救。约过了四百年,亚伯拉罕出生于世,距今约四千年前。

神熬炼亚伯拉罕,立为信心之父,应许要使他的后裔多如天上的星,海边的沙(创世记22章17、18节)。照其约言,亚伯拉罕生以撒,以撒生雅各,雅各生了十二个儿子,这十二个儿子形成了以色列十二支派。

神藉着这十二支派奠定了国家形成的基础，使耶稣生于犹大支派的后裔，向世界万民敞开了救恩的大门。十二支派的名字写在新耶路撒冷十二城门上，深含这一象征意义。

十二支派各名所包含的灵意——神的儿女

而今在神的眼里，不仅以色列百姓，凡归信基督的外邦人，都属于十二支派（罗马书2章28、29节；11章13-24节），照样，凡归信耶稣基督，领受救恩的人，都是信心之父亚伯拉罕的后裔。

因而，"以色列十二支派"按灵意说，是指一切因信得救的神的儿女。不分国家和民族，凡因信得救的神的儿女，只要努力作成弃罪成圣的工夫，都有可能得进天国至美的圣城新耶路撒冷。

以色列十二支派有不同的特性。这表示得进新耶路撒冷城的人，按着不同的特性，要通过的门各有分别。这取决于各人的品性特色和馨香之气，而无关各人尊荣的大小。

十二支派各名所蕴含的属灵意义

查考启示录7章所记载以色列十二支派名字的蕴意，可以发现与我们信心的大小（罗马书12章3节），即属灵生命的成长过程密切相关；代表着我们接待主，成为神子民，作成弃罪成圣的工夫，得进天国至美的圣城新耶路撒冷的过程。

1）犹大：意为"赞美"。表示赞美救主耶稣的降生，正如耶稣降生之日，有一大队天兵同那天使赞美神说："在至高之处荣耀归与神，在地上平安归与他所喜悦的人（有古卷作"喜悦归与人"）"（路加福音2章14节）。

2）流便：意为"有儿子"。接待神子耶稣作个人的救主，乃是我们信仰的第一阶段。我们因信基督而领受救恩，成为神的儿女。

3）迦得：意为"万幸"。接待耶稣基督为救主，领受所赐的救恩，便是出死入生，实为"万幸"。听信福音，归信耶稣基督，领受所赐的救恩，确是万幸之人。

4）亚设：意为"有福"。归信基督，领受永生之福分，就步入充满幸福与欢乐的信仰生活。

5）拿弗他利：意为"相争"。以弗所书6章12节说"因我们并不是与属血气的争战，乃是与那些执政的、掌权的、管辖这幽暗世界的,以及天空属灵气的恶魔争战(两"争战"原文都作"摔跤")";马太福音11章12节说"从施洗约翰的时候到如今,天国是努力进入的,努力的人就得着了"。在信道的历程上,我们因信盼望天国,奋力与罪相争,殷勤作成得救的工夫,努力争取更美的天家。为要得着更美的复活,爱慕领受主内的使命,尽心尽力为神国效忠,在信仰里离恶行善,寻求和睦,一心追赶。

6) 玛拿西:意为"使之忘了"。殷勤作成弃罪的工夫,并努力为主尽忠,就可以进入信心的第三阶段,即达到能够行道的阶段。在此阶段里,即使因别人产生了负面情绪,也能克制不发,反而努力向善处着想,从心里理解对方,努力不去记念人之过。

7) 西缅:意为"听见"。经过不断长进,信仰进一步深入,便能进入凡所求的都蒙神"听见"的阶段。神鉴察人心,垂听出于诚信的祷告,凡所求的都给成全,正如经上所说"你们祈求,就给你们;寻找,就寻见;叩门,就给你们开门"。

8) 利未:意为"联合"。表示与主联合,即与主合而为一。爱主并且指望天国的人,必与主联合,竭力更加与主亲近,以至完全合一。

9) 以萨迦:意为"价值"。表示神照人所种、所行的报应人。

神照各人为主效忠和奉献的程度，赐予相应的奖赏。至死忠心，在神的全家尽忠。为主至死忠心的人可获得生命的冠冕或以上的赏赐（启示录2章10节），即可进入第三层天国以上而居。

  10）西布伦：意为"同住"。活出神的善道，全然住在真理、光明中，就可以获取得居圣城新耶路撒冷的资格。达到这一境界的人，就是完全活出了约翰福音15章7节的经文——"你们若常在我里面，我的话也常在你们里面；凡你们所愿意的，祈求就给你们成就"。

  11）约瑟：意为"增添"。因亚伯拉罕的缘故，神就赐福与他侄儿罗得。照样，当一个人进入全灵的境界，与其同在同住的人也一同蒙福，所蒙的福分，超乎他们所种所行。

  12）便雅悯：意为"右手之子"。表示得居神宝座的右边，得称为神的儿子。竭力离恶行善，至死忠心，与主完全合一，便可得进新耶路撒冷，并能得居神的宝座、主的宝座近处，永享神为祂真儿女们所预备的极大的尊荣。

十二支派的名字所包含的成圣的十二阶段

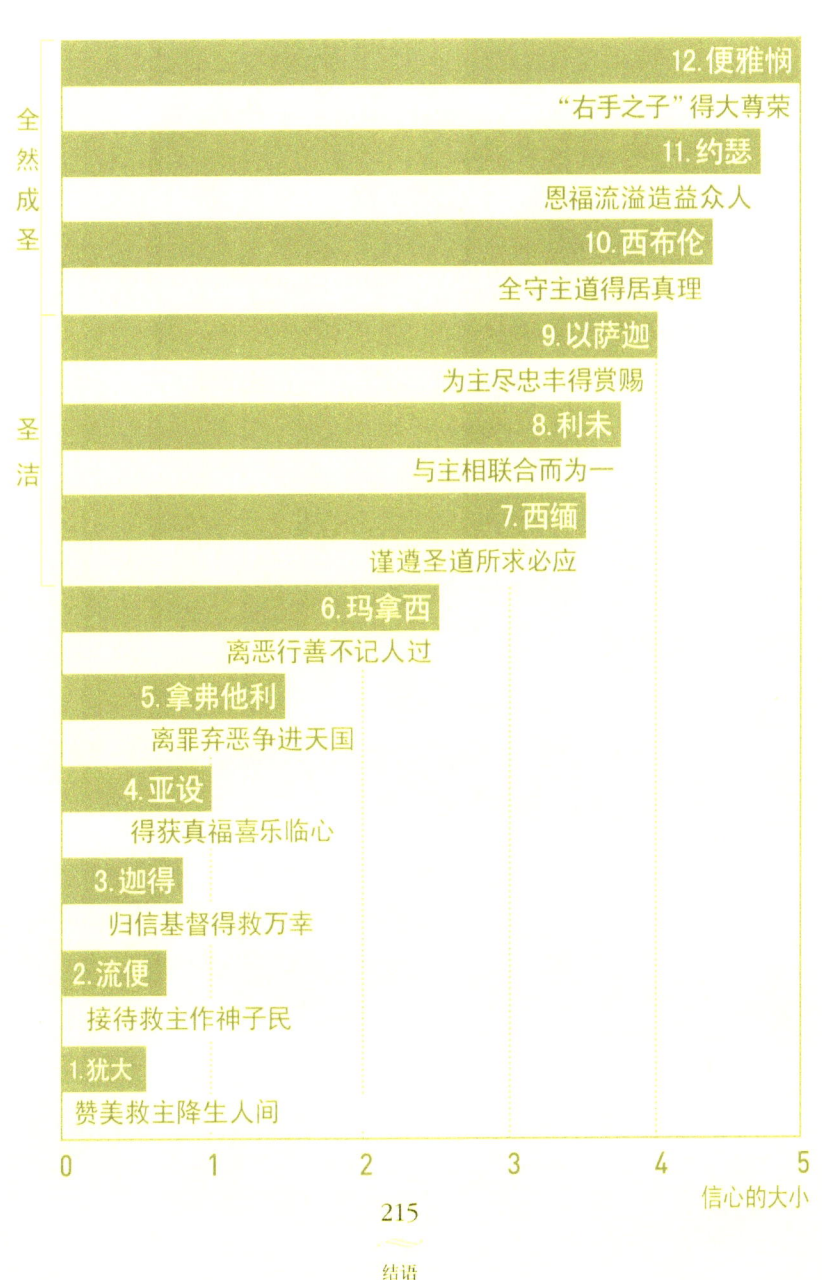

新耶路撒冷城墙十二根基上十二使徒的名字

> "东边有三门,北边有三门,南边有三门,西边有三门。城墙有十二根基,根基上有羔羊十二使徒的名字。"(启示录21章13、14节)

有影儿必有本体,可以说旧约是影儿,新约是本体(希伯来书10章1节)。旧约讲的是将要来的弥赛亚耶稣,新约讲的是道成肉身,降世为人,兑现旧约的一切预言,完成救赎人类之圣工的耶稣。

如果说旧约的十二支派是影儿,那么新约的十二使徒乃是本体。神藉着以爱成全律法的耶稣教训祂的十二门徒,并差他们作主的见证,直到地极。

神的宝座所在的天上至美的圣城新耶路撒冷有十二珍珠门,东西南北各有三门。城墙有十二根基,是用各样宝石修饰的:第一根基是碧玉,第二是蓝宝石,第三是绿玛瑙,第四是绿宝石,第五是红玛瑙,第六是红宝石,第七是黄璧玺,第八是水苍玉,第九是红璧玺,第十是翡翠,第十一是紫玛瑙,第十二是紫晶(启示录21章19、20节)。

这样,新耶路撒冷城墙的十二根基是以各样宝石所修饰,其上有救主耶稣的十二使徒的名字，卖主求荣的加略人犹大的名字当然不在其列。

十二使徒所包含的灵意是全然成圣全家尽忠的人

使徒行传第1章记载：当复活的主升天以后，众门徒聚在耶路撒冷同心合意恒切祷告。众人决议要选拔一个人取代加略人犹大承接使徒职任。众人便从领受耶稣教训的两个人中抽签选出一人，使之与十一个使徒同列，那人就是马提亚。

这里有着两层意义，第一是神的救恩不单属于神的选民，也包含外邦人；第二是凡与主合而为一的人，都可以像马提亚那样，蒙主拣选作使徒。

十二使徒从属灵意义上说是指"全然成圣，全家尽忠的人"。凡归信耶稣基督，领受救恩，进而与罪相争，抵挡到流血的地步，以至成圣的工夫，完成所托付于自己使命的人，都能得进天国至美的圣城新耶路撒冷。

雅各我所拣选的，我朋友亚伯拉罕的后裔
Jacob I Have Chosen, Descendant of Abraham, My Friend

在未获得乌陵出版社书面许可的情况下，不得对本书的内容进行制本、复印、电子传送等。

本书所引圣经经文取自《现代标点和合本》

作　者:	李载禄
编　辑:	宾锦善
设　计:	乌陵出版社设计组
发　行:	乌陵出版社（发行人：卢景泰）
印　刷:	Prione
出版日期:	2015年10月初版（韩国，乌陵出版社，韩国语）
	2018年 5月初版（韩国，乌陵出版社）

Copyright © 2015 李载禄博士
ISBN 979-11-263- 0407-3 04230
ISBN 979-11-263- 0406-6 (set)
Translation Copyright © 2018 郑求英博士

问讯处：乌陵出版社
电　话: 82-2-837-7632 / 82-70-8240-2072
传　真: 82-2-869-1537

"乌陵"是旧约时代大祭司为了求问神的旨意放在决断胸牌里使用的器物之一，希伯来语意为"光"（出28:30）

www.ingramcontent.com/pod-product-compliance
Lightning Source LLC
LaVergne TN
LVHW041800060526
838201LV00046B/1071